이옥란

이십대 중반, 작은 출판사에 편집자로 입사해 이후
16년 동안 여러 출판사에서 일했다. 2009년 한 사단법인이
개설한 출판학교에서 처음 교정 강의를 맡아 진행했고,
한겨레교육문화센터에서 편집 실무 등을 강의했다. 2012년부터
한국출판인회의 부설 서울북인스티튜트에서 서울출판예비학교
편집자 과정 책임교수로 일하며 교과 과정을 설계하고
'단행본 제작 워크숍', '편집의 이해', '어문규범과 문장교정' 등을
강의하고 있으며, 재직자 직무향상 과정에서 '어문규범과 문법',
'분석적 교정 워크숍' 등을 강의했다.

편집자 되는 법

# 편집자 되는 법

## 책 읽기 어려운 시대에
## 책 만드는 사람으로 살기 위하여

이옥란 지음

유유

# 머리말
## { '업'으로서의 편집 }

편집자 되는 법. 이 글을 초년의 편집자들께 드립니다. 이제 막 일을 시작해서 두어 해, 어쩌면 가장 왕성하게 일하실 분들입니다. 부디 빛나는 실력을, 지금 발 디딘 곳을 널리 두루 살피시고 누구와도 견줄 수 없는 자기만의 작은 영토에 도달하실 때까지 연마하시기 바랍니다.

이 작은 책에 담긴 내용은 우리 사회에서 편집자로 10년, 20년 일한 사람이라면 누구나 할 법한 이야기일 겁니다. 하지만 편집자가 자신의 업에 관해 터놓고 말하기는 어쩐 일인지 쉽지 않았던 것 같습니다. 중앙 일간지나 인터넷 시대 소셜 네트워크에서도 편집자가 사회적으로 자신의 목소리를 내는 경우가 드뭅니다. 모모 출판사의 주간, 모모 출판사의 편집장이 오피니언 리더로서 사회에 자신의 견해를 내는 경우를 보기 어렵습니다. 간간이 책 관런 매체에 편집후기 등이 실리지만 에피소드에 그치지요. 물론 편집자는 '저자를 앞세우며 일하는 사람이다'라거나 출판물의 '보도 자료'에 책임 편집자로서 출판 의의나 육성을 담고 있지 않으냐고 하실 수도 있겠지요. '편집자는 자신이 만든 책으로 발언한다'라고요.

실력 있는 편집자가 공들여 만든 책이 연간 수만 부, 수십만 부쯤 팔리는 시절이라면 모든 영광을 저자에게 돌려도 좋을 것입니다. 시절은 이미 초판 2천 부를 찍어서 몇 해 동안 나누어 팔게 된 지 오래되었습니다. 존재감이 묵직한 새 책이 나와도 독자가 움직이지 않습니다. 좋은 책 나왔다고 알아보고 묵직한 책을 덥석 사는 독자는 과거로 갔습니다. 방송이나 온라인 매체에서 구전을 타지 못하면 저명한 저자라도 고전합니다. 편집자가 자신이 만든 책으로 발언한다고 말하기가 무색해졌습니다. 내용 좋은 원고에 그저 코를 박고 일해서는 안 되는 시절이 온 것입니다. 편집자의 입지가 약해지면 좋은 책도 어불성설입니다.

저는 서울북인스티튜트SBI에서 반년짜리 전일제 편집자 과정을 일곱 기수 동안 맡아 진행하며 청년들이 나아간 길을 따라 출판 현장의 뒷모습을 지켜봐 왔습니다. 업계에 입문한 지도 26년이 되었습니다. 출판사 대표의 제안에 힘입어, 그간 직간접적인 경험 등으로 터득한 생각을 거칠고 부족한 대로나마 나누는 것이 좋겠다고 판단했습니다. 이 책의 내용과 전혀 다른 견해도 있을 것입니다. 제 부족한 점은 차차 보완되리라 기대합니다.

# 1
## { "근속 연수 3년, 실무 정년 마흔" }

일할 만하십니까? 산업 전체의 매출 규모가 작다거나, 절반이 소규모인 1인 출판사이고 근속 기간이 짧고 이직이 잦으며 연봉이 높지 않고 직원 복지도 시원찮고 마흔을 넘으면 자리 잡고 일하기가 어려워진다는 이야기를 들으면 편집자는 불안정한 일이구나, 정말 못할 일이구나 할 것 같습니다. 정말 그럴까요? 출판사 대표나 편집장 들의 이야기로도 갈수록 일할 만한 사람을 찾기 어렵다 합니다. 통계를 보면 업계 매출이 줄어드는 추이에 비추어 발행 종수는 거의 그대로라는데 말입니다. 그럼 대체 책은 누가 만들고 있을까요? 실태가 어렵기는 하지만 이는 사회적이고 구조적인 문제이므로 갑작스럽게 좋은 방향으로 바꿀 수는 없습니다. 그런데도 편집자는 해 볼 만한 일입니다.

영화 『지니어스』를 보셨나요? 1929년 뉴욕의 한 편집자

이야기입니다. 그는 어니스트 헤밍웨이와 스콧 피츠제럴드를 키운 '최고의 편집자' 맥스 퍼킨스죠. 영화의 줄거리는 "천재 작가 토마스 울프를 발견해서 그의 책을 베스트셀러로 만드는데……"입니다. 늘 가지런히 다듬은 머리에 중절모를 쓰고 정장을 갖춰 입은 콜린 퍼스가 등장해서 편집자의 위상을 준엄하게 과시해 줍니다. 『사상으로서의 편집자』라는 책을 아시나요? 일본인 저자가 쓴 이런 엄청난 제목의 책이 몇 해 전에 한 출판사에서 번역되어 나왔지요. 이 책에는 오이겐 디더리히스라는 독일 편집자의 이야기가 나옵니다. 독자가 "직접 어떤 사상과 만나고 무언가를 읽기 이전에, 이미 출판인이 만들고 연출해 낸 극장의 무대 앞에 앉혀져 있다"라고 저자는 말합니다. 또 사상가와 독자를 이어 준 편집자야말로 "사상을 제작하여 세상에 내보낸" 사상의 산실이고 프로모터라고 합니다. 편집자가 없었더라면 나치즘에 반기를 든 칼 바르트의 사상이 독일 프로테스탄티즘의 역작이 되어 20세기 지성사에 돌올한 이름으로 남을 수 없었을 것이란 말입니다! 가슴이 막 뛰면서 호연지기가 생기는 것 같지 않습니까? 편집이 알고 보면 그런 일입니다. 우리는 세상을 편집하고 있다고요. 그러니 부디 현실의 문제로 너무 좌절하거나 하지 마시고…….

어느 출판 콘퍼런스 자리에서 청중 한 분이 대략 이런 요지로 말씀을 하셨어요. "저는 5년 차 편집자였습니다.

일이 힘들어서 그만두고 대학원에 진학했습니다. 저는 이 일을 좋아하지만 두렵습니다. 다시 돌아가도 될까요? 희망이 있을까요?" 강단의 연사 한 분께서 진심으로 조언을 해 주셨지만 답이 되었을 것 같지는 않았습니다. 그분은 질문을 했다기보다는 탄식을 한 듯 보였으니까요. 누구도 쉽게 답하기 어려운 질문이었지요. 그날 많은 선배들이 공감하며 오래 그 질문을 곱씹었을 것입니다. 위대한 편집자의 경우가 아니라도 편집자가 하는 일은 각자 개인에게도 의미 있고 보람 있는 일이니까요. 그분은 '업계를 떠났지만 다시 이 일을 하고 싶습니다'라고 말했지만, 제 귀에는 '사람들이 힘들게 일하다가 밀려나듯이 업계를 떠납니다. 이 문제를 함께 생각해야 합니다'라는 경고로 들렸습니다.

사실 현직 편집자의 고충을 듣다 보면 꼭 덧붙는 이야기가 "저는 이 일이 좋은데요"입니다. 저자와 원고를 만들고 텍스트를 다루어 편집하여 책을 만드는 과정은 해도 해도 매번 쉽지 않지만 또 해도 해도 질리지 않는 일인가 봅니다. 일은 좋은데, 힘이 듭니다. 2015년 한 보고서에서 드러난 대로, 임금이 적어서, 업무 강도가 높아서, 인간관계가 쉽지 않아서, 승진이 정체되어서 등 이직의 여러 사유가 그런 사정을 알려 줍니다. '저 출판사에 가면 이런 일을 할 수 있겠다고 생각되어서'가 아니라 지금 여기서 일하기가 힘들어서 이직을 고민한다는 겁니다. 이직이 자발적 의사가 아니라고 볼 수 있는 셈이지요. '이직할 생각이 없다'

라고 답한 사람이 23퍼센트에 불과했습니다. 나머지는 '열심히 찾는 중이다', '기회가 되면 이직하겠다', '지금은 아니지만 염두에 두고 있다'라고 응답했습니다. 종사자 상당수가 이직을 고민하면서 일하고 있다는 뜻입니다. 그래서 편집자 대다수가 한 회사에서 근속 연수 3년을 넘기지 못하는 것이 현실입니다.

고단한 이야기로 들리겠지만, 여기서 시작할 수밖에 없습니다. 편집자로 일하기 시작한 직후부터 업계의 사정이 좋지 않다는 이야기를 듣지 않은 적이 없거든요. 나쁜 사정을 생각하지 않고 잊어버리고 있으면, 어느 날 갑자기 국가 정책이 좋아지고 독자가 되돌아서고 글 잘 쓰는 저자가 나타나 상황을 전격적으로 바꿀 리 없으니까요. 적어도 이미 수십 년 동안 바로잡히지 못했던 병폐가 싹 사라지는 '기적'이나 '대박'이 올 리 없으니 말입니다. 문제를 모르면 문제를 풀 수 없지요. 문제를 해결하려면 문제를 만드는 데서 시작해야겠지요. 어디가 문제고 누가 문제인지, 해결 주체는 누구인지, 방법이 있는지, 방법이 있다면 어떤 방법인지, 그 방법은 각각 어떤 효과를 낼지도 살펴야 할 터이고요. 출판의 문제는 구조적인 문제이므로 문제점만 하나씩 해결하는 방법으로 답을 얻을 수는 없을 겁니다. 먼저 '일하는 사람이 제대로 일할 수 있게 하자'라는 문제만 생각해 봅시다. 종사자는 '이것은 회사나 고용주의 문제다'라고 하고 회사나 고용주는 '이것은 종사자의 문제다'라고 할 수도 있겠지요. 회사나 고용주가 풀어야 할 문제가 있고, 국가 정책이 뒷받침되어야 할 일도 있겠습니다만, 편집자 자신이 고용 환경을 파악하고 그것을 현실로 인정한 다음, 자신의 태도를 결정하는 것에서 시작하는 편이 좋다고 생각합니다. 왜냐하면 이것이 지금 우리의 일터, 우리의 문제이기 때문입니다.

30년 차 선배 편집자 한 분은 이렇게 말했습니다. "10년은 일해야 전문가다. 3~4년은 보조 편집자다." 3~4년이나 일했는데 보조 편집자라고요? 어떻습니까? 입사해서 처음 책임 편집 한두 권 해내고 나서부터 좀 우쭐해지지 않았던가요. 자기가 기획한 원고가 책으로 잘 만들어져서 여기저기서 언급도 되고 웬만큼 팔리기도 하는데 말이지요. 편집자로 입문하고 3년 차쯤 되었다면 다들 이렇게 외치지 않나요? "이제 나는 어떤 원고도 다 책으로 만들 수 있어. 다 내게 넘겨!" 일이 제법 재미있기도 하고, 재주도 넘쳤을지는 모르지만 결국 당랑거철螳螂拒轍 아니겠습니까. 세상모르고 뭐든지 해낼 수 있을 것 같을 때, 그 3년 차가 사실 이직의 계절입니다. 가장 자주 찾는 연차도 그때인 것 같습니다만, '이만하면 나도' 하고 우쭐해진 것은 아닐 테죠? 오래 일해야지요. 10년은 일해야 전문가도 된다니 말이에요.

세상은 변수로 가득합니다. 사람의 마음과 다른 일이 얼마나 많은지요. 진득하게 회사에 다니면서 안정적으로 경력을 쌓기는 쉬운 일이 아닙니다. 실력이 문제가 아니죠. 출판사에 입사하기도 쉬운 일이 아니지만, 입사한 뒤도 탄탄대로가 아닙니다. 한국경영자총협회에서 2016년에 기업체를 대상으로 조사한 바에 따르면 대졸 신입 사원의 27.7퍼센트가 1년 내 퇴사했습니다. 또 취업포털 사이트인 잡코리아가 2017년에 직장인을 대상으로 한 설문조사에서는, 응답자 1,321명 가운데서 첫 직장에서 퇴사했다는 이들이 놀랍게도 94.6퍼센트였는데, 입사 후 3년도 안되어 퇴사했다는 이들이 조사 대상 전체의 62.2퍼센트에 달했습니다. 이유는 업무 스트레스, 임금 문제, 상사나 동료 등 사람 문제였습니다.

## 10년은 일해야 전문가다

출판사 편집부에 입사했다고 해서 곧바로 편집 전문가처럼 일하게 될 리가 없습니다. 편집자도 회사원입니다. 편집 업무를 잘 해내는 것만큼이나 조직의 일원이 되어서 직장 생활을 잘해야 한다는 말이죠. 회사를 믿지 마세요. 회사는 여러분이 생각하는 그런 곳이 아닙니다. 이 말은 회사를 불신하라는 말이 아니라, 회사에는 회사의 생리가 있다는 뜻입니다. 일하는 사람 입장에서야 회사가 알아서 일하는 사람이 제대로 일할 수 있게 해 주면 좋겠지만, 회사는 그런 곳이 아닙니다. 기업 조직의 존재 이유는 '이윤

창출'이라고 교과서에서 배우지 않았던가요? 회사는 최소 비용으로 최대 효과를 누리려는 속성이 있지요. 회사는 존립하기 위해 자기 논리에 충실할 수밖에 없습니다. 회사의 사람들도 조직의 네트워크상에 있는 거점에서 각자 권한을 갖고 자기 일을 합니다. 조직 내 사람들을 무작정 믿지 마세요. 존중의 대상일지언정 무조건적으로 의존할 대상은 결코 아닙니다.

이렇게 편집자도 조직의 일원인 한, 조직 논리에서 자유로울 수 없습니다. 대개의 경우, 조직의 목표가 편집자 자신이 하고자 하는 일을 앞섭니다. 그만큼 일에서 불리한 조건이 많아지는 것입니다. 게다가 회사는 만족하는 법이 없습니다. 성과를 낼수록 더 큰 성과를 기대하는 법이죠. 그런 와중에 모든 일을 다 잘 해낼 사람도 없을 겁니다. 일이란 것이 늘 생각만큼 잘되리라는 보장도 없고, 세상이 그리 호락호락하지도 않고요. 더구나 편집자라면 일을 하면 할수록 경력이 쌓이면 쌓일수록 회사가 '책의 목표'를 가볍게 본다면 견디기가 쉽지 않지요.

출판사에 들어가면 무언가 있겠지, 여기 말고 다른 회사에 가면 무언가 있겠지, 막연한 꿈에 부풀어 있다가는 벽에 부딪힙니다. 편집자로 일한다는 것을 낭만적으로 여기지 마세요. 경력 편집자나 일가를 이룬 출판사 대표의 성공담을 귀에 담지 마세요. 포기하지 않고 끈질기게 자신만의 궤적을 이어온 그들 이면의 고충을 헤아릴 생각이 아니라면요. 출판은 소규모 산업입니다. 전체 규모도 작고, 회사 규모도 작습니다. 사람들은 책을 사지 않습니다. 읽지를 않으니까요. 급기야 2017년 조사에서는 성인 40.1퍼센트가 한 해 동안 책(일반도서)을 한 권도 읽지 않았다고 답했습니다. 요인은 다양합니다. 크게는 세계적으로 4차 산업혁명이 가속화하면서 책과 같은 올드미디어가 생활에서 빠르게 밀려나고 있습니다. 출판 산업의 매출은 해마다 하락하고 종당 발행 부수는 줄어들고 있습니다. 2015년 전체 출판 분야의 매출은 4조 원가량으로 조사되었지만, 교과서 및 학습 참고서 부문만 9400억 원, 학습지 부문만 1조 4400억 원입니다. 일반 단행본과 학술/전문서 부문만은 9700억 원에 지나지 않습니다(한국출판문화산업진흥원, 2016). 이런 환경에서 많은 편집자가 미래를 포기하고 다른 길을 찾아 떠났습니다.

출처 보고서의 집계 방식에 따라 조금씩 다릅니다만, '일반 단행본과 학술/전문서' 또는 '서적 출판업' 부문의 종사자 수는 1만 명가량입니다. 물론 교정이나 디자인에서 많이 이루어지는 아웃소싱이 포함되지 않은 수치입니다. 편집자의 수만 조사한 자료는 없습니다만, 2017년 출판문화진흥원의 2016년도 하반기 동향 자료나 출판 노조의 조사 자료를 토대로 하면 전체 종사자의 65퍼센트가량으로 추산할 수 있습니다. 그렇게 보면 단행본 출판사에서 일하는 편집자의 수는 대략 6,500명 정도로 보입니다.

출판은 30대가 약진하는 업종으로 보입니다. 한국출판문화산업진흥원의 2016년 하반기의 조사에 따르면 종사자의 55.4퍼센트가 30대로 30대 전반이 29.4퍼센트, 30대 후반이 26퍼센트입니다. 20대는 26.4퍼센트, 40대 이상은 18.2퍼센트로 조사되었습니다(구글 독스로 실시한 2015 출판 노조 조사에서는 응답자 가운데 20대가 35.3퍼센트, 30대가 58.3퍼센트, 40대가 6.4퍼센트였습니다).

궁금해집니다. 10년을 일하고, 20년을 일해서 마흔을 지나 전문가가 되었을, 그 많던 편집자들은 어디로 갔을까요?

## 근속 연수 3년, 실무 정년 마흔

사실 출판계에는 오래전부터 '근속 연수 3년, 실무 정년 마흔'이라는 말이 있습니다. 저는 이 말을 적어도 20년 전부터 들어온 것 같습니다. 업계 내 이직이 잦아 연차나 나이에 관한 정보가 체감되었기 때문인지 '전수 조사'가 아니라도 비슷한 이야기들을 해 왔던 것이지요. 10년 전에는 편집자 선배인 출판사 대표께서도 같은 이야기를 하셨지요. 어조는 다소 부정적이었고 그런 상황에서 벗어나기 위해 전문성을 갖추어야 한다고 강조하셨지요. 2015년 출판 노조가 배포한 보고서에서 이 표현을 다시 발견했습니다(출판 노조, 2015). "당신이 현재 회사에 재직한 기간은 약

몇 년인가요?"라는 항목에서 나온 결과에 따르면(응답자 501명) 현재 회사에서의 근속 기간은 평균 3.1년으로 나타났습니다. 그런데 3년 미만이라고 답한 응답자가 53.8퍼센트를 차지했습니다. 더욱 흥미로운 점은 5-9년 차에서도 1년 이상 3년 미만인 경우가 34.4퍼센트로 많았다는 사실입니다. 5년 이상 근속자는? 전체의 20.2퍼센트였습니다. 이만하면 '근속 연수 3년'은 빈말이 아닌 거죠(앞서 언급한 자료에서도 그렇고, 실리콘밸리 기업들의 근속 연수도 2년 정도로 짧답니다). 현실이 이렇습니다.

근속 연수가 3년이면 근속 중에 이직을 고려하는 경우가 많다는 이야기입니다. 고용 환경이 불안정하다는 말이죠. 왜 이직을 하려고 할까요? 앞서 2015년 출판 노조의 조사에서 보았듯이, '임금'이 가장 문제시되었습니다. 흥미로운 점은 이직의 주요인에 대한 응답입니다. 1-2년 차 응답자 가운데서는 '임금'이라는 응답이, 경력 3년 차에서는 '노동 시간, 업무 강도 등 기타 근로조건'이라는 응답이, 10년 차 이상에서는 '경영 방향'이라는 응답이 가장 높았다는 겁니다. 신입 사원은 초임이 부적절하게 낮다고 인식한 예가 많고, 한창 일할 3년 차일 때는 근로조건이 나쁜 예가 많고, '전문가'로 일할 만한 10년 차 이상에서는 회사의 경영 방향에 수긍하지 못하는 예가 많다는 의미로 파악됩니다. '이직을 고려하지 않는다'는 응답은 전체 응답자의 23퍼센트뿐이었습니다. '인간관계'라는 응답은 전체 응답자의 19.8퍼센트로 비교적 낮은 순위인 5위였습니다.

출판사는 몇 개나 있을까요? 주무 기관인 문화체육관광부에 신고된 출판사 수는 5만 개가 넘는다고 합니다. 출판업은 신고제라서 실제 사업 영위 여부와 상관없이 등록 번호를 유지할 수 있습니다. 보고서마다 약간씩 다르지만 한해 한 종 이상을 내는, 대략 6,500명의 편집자가 일할 것으로 추정되는 실제 출판사의 수는 3천 개 내외입니다. 2016년 실태 조사 자료(교과서, 학습 참고서, 학습지, 아동 도서를 제외한 일반 단행본 출판사와 학술/전문서 출판사만)에서는 종사자 수가 한두 명인 출판사가 전체 3,018개 가운데 1,635개 즉, 54퍼센트이며, 다섯 명도 안 되는 출판사가 74퍼센트입니다. 한 해 다섯 종 이하로 내는 곳이 절반입니다. 다른 자료에서도 비슷합니다. 국립중앙도서관에 신간 납본을 대행하는 대한출판문화협회가 2015년에 낸 보도 자료에 따르면 납본 출판사 수는 2,855개였습니다. 그 가운데 다섯 종 이하를 발행한 출판사가 1,465개 사로 전체 출판사의 51.3퍼센트였고요. 이어 여섯 종에서 열 종을 발행한 출판사가 468개 등 납본 출판사의 81.3퍼센트가 한 해 스무 종 이하를 발행했습니다. 적게 잡아 한 명의 편집자가 연간 다섯 종을 만들 수 있다고 보면, 편집자가 한 명인 1인 출판사가 절반이라는 말입니다.

## 출판은 유목민의 일이다

자, 다시 정리해 보죠. 근속 연수 3년, 실무 정년 마흔이라는 말이 틀리지 않습니다. 이것을 현실로 받아들이는 데서 편집자의 경력 관리를 이야기해야 합니다. 이 수치는 지난 수십 년을 통해 유지되어 온 출판 환경이 규정한 것입니다. 정년을 연장하거나 근속 연수를 늘리려는 노력은 개인이나 소수가 할 일이 아니라고 할 수 있습니다. 무엇보다도 규모가 문제죠. 한곳에서 오래 일하기는 그러지 않기보다 어렵습니다. 일하는 사람도 고용한 사람도 이 수치를 수긍하고 그것을 바탕으로 전략을 구사해야 한다고 봅니다. 물론 이를 결정적인 수치로 받아들여서는 안 되겠지요. 일하는 사람은 경력이 쌓일수록 한곳에서 가급적 더 오래 일하려고 해야 하겠지요. 그래야 책임질 영역도 넓어지고 쓸 수 있는 인프라도 다양해지고 할 수 있는 일도 많아지니까 말이죠. 회사는 능력 있는 사람이 오래 일할 수 있는 환경을 만들려고 해야겠고요.

우리가 일하는 업종의 환경이 이렇습니다. 물론 해마다 수치가 좋아지는 것은 아닙니다. 업종의 전망이 밝은가 흐린가보다는 편집자라는 직종이 희귀 업종이라는 것, 책 만드는 일을 할 수 있는 사람이 많지 않다는 것, 그래서 전문가가 되기 상대적으로 쉬운 업종이라는 데 마음을 두어보죠.

이런 관점에서 편집자의 경력 관리가 이루어져야 한다고 봅니다. 신입에서 3년 차, 5년 차, 10년 차. 좀 더 세분할 수도 있겠지요. 10년 차 전후로 전문가가 되겠다는 목표를 세우고, 5년 차까지는 전문 분야에서 자신의 궤도에 오르는 것을 목표로 할 수 있겠죠. 그러면 신입 3년 차까지는 기본을 익히고, 책임 편집을 시작하고, 분야를 막론하고 (혹은 분야를 정해) 실무 능력을 기르는 시기로 삼을 수 있을 것입니다. 그러면서 어떤 편집자로 성장해 갈 것인지 방향을 좁히거나 앞으로 능숙해지고 싶은 분야 등 궤도를 찾는 일을 할 수 있을 겁니다.

편집자는 '판'을 다루는 사람입니다. 경력을 쌓는다는 것은 자신의 판을 확장하는 일이라고 할 수 있습니다. 편집 실무를 맡는다는 것은 경력과 무관하게 한 종의 책을 만드는 일입니다. 보통 2-3년 차면 책임 편집을 하게 됩니다. 그렇다 하더라도 자신이 한 일에 대해 모든 책임을 지는 것은 아니죠. 판형이나 디자인, 책 제목, 지질 등을 자기 선에서 결정하기 어려울 수도 있고 보도 자료를 점검받아야 할 수도 있지요. 더 깊게 보면 원재료인 원고도 자신이 생산한 것이 아닙니다. 말하자면 보조 편집자인 셈이죠. 큰 그림을 그리고 여러분이 일할 판을 준비한 사람은 따로 있습니다. 연차가 높아질수록 업무의 자율성도 높아지는 방향으로 일해야 하는데 현실은 그렇지가 않죠. 권한은 누군가가 주는 것이 아니라, 가져와야 하는 겁니다.

## 2
{ 편집자는 판을 운영하는 사람이다 }

단행본의 출판 과정은 곧 넓은 의미의 편집 과정입니다. '지식의 편집'이라는 관점에서 저자를 발굴하고 출판물을 기획하는 단계부터 독자의 반응을 살펴 새로운 기획을 준비하는 출판의 모든 과정이 편집에 해당한다고 하겠습니다. 출판 아이디어에서 원고가 완성되고 원고가 한 권의 책으로 만들어져 독자에게 가는 과정이 모든 출판물에서 이루어집니다. 단행본 각각의 출판을 이렇게 하나의 '판'이라고 할 수 있습니다. 단행본이 기획된 뒤 독자에게 닿기까지 출판의 과정을 단출하게 그려 보면 대략 다음과 같습니다. 물론 상황이나 유형이 똑같지는 않을 터이니 세부 과정의 순서가 바뀌기도 합니다만.

① 출판 기획 및 저자 발굴

② 저작권 계약

③ 집필 관리

④ 원고 검토

⑤ 편집 기획

⑥ 판면 설계

⑦ 교정

⑧ 제목 결정

⑨ 표지 디자인

⑩ 제작

⑪ 홍보

⑫ 유통

이 가운데서 ① 출판 기획 및 저자 발굴에서 ④ 원고 검토까지는 좁은 의미의 '편집'이 시작되기 전에 일어나는 과정입니다. 완성된 원고를 원재료로 하여 책이라는 물성을 가진 매체가 탄생하는 최소의 과정은 ⑤ 편집 기획부터 ⑩ 제작까지입니다. 이 과정을 통해 '신간'이 만들어지지요. 또 이 과정을 담당한 편집자는 누구보다 책과 저자, 핵심 독자에 관해 잘 알고 있으므로 '보도 자료 및 신간 안내자료'를 작성하여 ⑪ 홍보까지 참여하게 됩니다. 원고로 책을 만들어 홍보하는 이 과정을 좁은 의미의 편집이라고 할 수 있습니다.

모든 책은 바로 이 편집의 공정을 거쳐 만들어집니다. 그러니 편집 공정은 '출판의 최소 단위'라고 할 수 있습니다. 여기서 편집자는 많은 협력자와 함께 여러 단계에 걸쳐 다양한 작업을 해야 합니다. 편집 실무를 진행하며 이 과정을 운영합니다. 우리는 언제부턴가 이 사람을 '책임 편집자'라고 부르고 있습니다. 담당 편집자라는 표현보다 책임과 권한에서 훨씬 명료한 느낌을 주지요. 이 책임 편집자는 ① 출판 기획 및 저자 발굴, ② 저작권 계약, ③ 집필 관리, ④ 원고 검토를 진행한 인물과 동일한 인물일 수도 있고 아닐 수도 있습니다. 원고의 분량이나 완성도, 난도, 복잡성 등에 따라 변수가 있겠지만 대개 두어 달이면 완수되는 과정입니다. 표준이 정해져 있지 않은 이 일에는 '책임 편집'의 경험이 쌓일수록 능숙해지겠지요.

책임 편집자가 진행하는 '출판의 최소 단위'는 ⑤ 편집 기획 ⑥ 판면 설계 ⑦ 교정 ⑧ 제목 결정 ⑨ 표지 디자인 ⑩ 제작 ⑪ 홍보인 것이지요. 알다시피 이 과정에서 책임 편집자는 단 한 사람입니다. 같은 원고라도 관점이 다르면 다른 책이 되기 때문이지요. 편집 기획 단계에서 원고를 어떻게 판단하느냐에 따라 공정에도 변화가 생깁니다. 같은 원고라도 편집자가 다르면 다른 책이 됩니다. 온전히 책임 편집자의 몫이 되는 이 '출판의 최소 단위' 역시 하나의 '판'입니다. 그렇습니다. 책임 편집자는 자신이 곧 실무자이면서 책 한 권이 탄생하는 판을 운영하는 사람입니다.

완성된 원고가 협력자들의 손을 거치면서 애초에 떠올린 '책의 상像'으로 구체화하는 과정을 책임지고 통제하는 사람입니다. 이때 편집자의 역할은 프로듀서, 커뮤니케이터, 코디네이터이기도 합니다.

누군가가 "저는 편집자입니다", "저는 편집을 해요"라고 말한다면 그 사람은 책을 만드는 사람입니다. '출판의 최소 단위'를 최소한 하나라도 수행하고 있거나 언제든 수행할 수 있다고 생각하는 사람인 거죠. 그가 신입이거나 10년 차, 30년 차이거나 말입니다. 그는 원고를 책으로 만드는 사람입니다. 편집자로서 사원이라면 연간 몇 종의 책을 만들고 있을 것이고, 팀장이거나 편집장이라면 연간 몇 종의 책을 만들면서 팀 또는 편집부의 기획 흐름과 주요 필자와 매출 목표, 팀원 또는 편집부원의 활동과 성과 등을 관리하겠지요. 주간이거나 본부장이라면 이제 스스로 편집을 해서 책을 만드는 일을 하기는 어려울 겁니다. 책임의 범위가 실무 차원을 넘어서 회사 차원의 관리 책임으로 넓어졌으니까 말이지요. 그래도 스스로는 '나는 지금도 책을 만들고 있다'라고 생각할 겁니다. 자신이 여전히 편집자라고 생각하면서요.

편집자라면 자기가 노는 '판'을 잘 알아야 합니다. 특히 '출판의 최소 단위'에서 실무를 맡아 일하고 있을 때는 자신의 권한과 책임에 관해 원론적으로 이해하고 있어야 합니다. 연차가 낮을수록 더 그렇습니다. 연차가 높더라도 그러지 말아야 할 이유가 없습니다. 사내 매뉴얼이 정착되어 있거나 분업이 확실하게 되어 있거나 결정적으로 새로운 출판 기획이 없어도 여전히 기업을 유지할 만한 매출이 나온다면 편집자가 하던 일만 하던 대로 계속해도 회사는 걱정이 없을 것입니다. 하지만 현실에서는 그렇게 책을 만들기 어려운 시절이 되었지요. 독자로 하여금 손에서 책을 놓게 하는 현실이 있고, 독자가 선택하지 않으면 출판을 지속하기 어렵다는 현실도 엄중합니다. 종사자의 80퍼센트가 '지금 여기'에서 일하면서도 늘 '다른 거기'를 꿈꾸고 있는 것도 현실이고요.

그러나 책은 원고와 '출판의 최소 단위'가 안정되어 있다면 잘 만들어질 수 있습니다. 바로 편집자로서 어떤 책의 '책임 편집자'인 여러분이 자신의 일을 제대로 이해하고 있고, 경험으로 얻은 성과를 자신의 경력으로 돌릴 수 있고, 그래서 여러 협력자가 여러분을 중심으로 모여서 매번 '책 한 권'을 최상의 상像으로 집약할 수만 있다면 말입니다. 원고는 대체로 편집자 개인의 역량보다는 출판사의 이력과 저자에 대한 대우, 홍보력, 시장 점유 등의 역량에 영향을 받습니다.

사실, 출판계는 항상 인력난입니다. 근속 연수가 짧고, 10년을 일하기가 어려운 상황이니 말할 것도 없습니다. 일할 사람을 찾는 출판사가 많지만 적임자는 찾기 어렵습니다. 6-7년 일한 분들을 모시고 싶어도 해당 분야에서 그

연차까지 진득하게 일해 온 분들이 눈에 띄지 않는다고 합니다. 연차가 되었더라도 실무 경험이 없어서 업무를 맡기기 어렵다거나, 어딘가에는 있을 것 같지만 구직 중이라는 정보조차 없다는 것이지요. 2~3년 차 정도로 '일머리를 아는' 분들을 모시고 싶지만 쉽지 않다고들 합니다. 전에도 이직률이 높기는 했지만, 사람을 구하기 어려울 만큼은 아니었던 것 같습니다. 그 많던 편집자는 다 어디로 갔을까요? 출판 학교 담당자에게 경력자가 있겠느냐고 물으시는 많은 출판사 대표나 편집장의 탄식이 그렇습니다. 대형 출판사가 정기 공채로 다수의 신입 사원을 충원할 수 있던 시절에는 입사한 편집자가 수련을 하고 연차가 되어 중소 출판사로 자리를 옮김으로써 인력 이동에 순기능을 담당했던 적이 있었다고도 합니다. 이제는 정기 공채도 거의 없을뿐더러 신입 사원으로 입사해서 실무 능력을 익히고 자신의 특기를 찾을 때까지 진득하게 4~5년 이상 일하는 데 난관이 적지 않은 것 같습니다. 구조적으로 안정되어 있는 회사라면, 규모가 커서 인프라가 좋고 매출이 좋아 급여가 높고 복지가 좋은 곳이거나, 규모가 작더라도 업무 만족도가 높아서 직원의 이동이 거의 없는 경우도 있겠지요.

출판 산업의 규모가 해마다 줄고 있을지언정 출판은 여전히 현재 진행형입니다. 출판 자체가 대중화되어서 개인이 '출판 행위'를 하는 것이 어렵지 않게 되었으나 출판은 단순히 원고를 종이에 인쇄하는 일이 아니고 편집 공정을 거치며 원고에 새로운 가치를 더하는 일입니다. 해마다 독서 인구가 줄고 텔레비전과 스마트폰이 우리의 삶을 바꾸더라도 책을 읽는 사람이 있는 한 출판은 계속될 겁니다. 중세 서양의 수도사들처럼 다시 제한된 소수의 사람만이 책을 접하는 시대가 오더라도 지금과 같은 책과 그 책을 만드는 사람은 꼭 있어야 합니다.

편집자는 책을 만드는 사람입니다. 매번 책 한 권이 만들어지는 '판'을 운영합니다. 당면한 원고나 일정, 닥친 문제에만 빠져서는 판을 관리하기 어렵습니다. 자신이 무슨 일을 하는지 모른다면 일을 장악할 수가 없습니다. 출판의 최소 단위인 이 판에서는 저작자와 디자이너와 함께해야 합니다. 그뿐인가요? 한시도 손에서 놓을 수 없는 원고가 있지요. 원고의 내적 맥락을 읽을 뿐만 아니라 탄생 배경, 내용의 역사적 맥락, 서점에서 놓일 위치, 핵심 독자 등 외적 맥락도 고려해야 합니다. 책이라는 물질적인 '형태의 특성'을 알아야 하고, 책에 시각, 촉각, 감각적으로 적절히 구현할 수 있어야 합니다. 모든 공정은 당연히 '책의 완성'을 거쳐서 궁극적으로는 '독자'에게 이르므로 늘 독자를 염두에 두어야 합니다. 즉 편집자는 출판의 최소 단위인 '판'이 움직이는 동안, 매 실무 공정에 세심하게 임해야 함과 동시에 항상 지금 진행 중인 일이 '어디에서 왔으며 어디로 가고 있는지'를 생각해야 합니다. 그렇게 해야 출판의 최소 단위인 '판'에서 자신이 생각한 '책의 상'을 훼손하지 않고, 함께하는 사람들을 설득하며 마지막까지 갈 수 있습니다. 궁극적으로는 자신이 담당한 여러 종의 출판물이 기획되고 제작되어 유통되는 전체 공정을 조감하고 책임지려 해야 합니다. 편집자의 안목과 능력은 그렇게 체화되는 것이지요. 하지만 현실에서는 자기 일의 범위와 권한과 책임을 명확히 알지 못하는 경우가 많을 것입니다. 왜냐하면 누구도 알려 주지 않기 때문입니다. 해야 할 일을 지목하거나 책임져야 할 일을 거론하거나 직함을 줄 수는 있지만 여러분에게 필요한 모든 권한을 내어 주는 건 아니기 때문입니다.

혹시 지금 검토해야 할 원고, 외주로 보냈던 교정지, 저자와의 협상, 디자인 결정, 마쳐야 할 교정지 등의 사이에서 눈을 떼지 못하고 있는 건 아닌가요? 반복되는 일들 사이에서 지쳐 있지는 않나요? 책상 위로 올라서서 자신의 일이 어디까지 펼쳐져 있는지 보세요. 드론에 핸디캠을 달아 자신이 어디쯤 있는지 보세요. 내가 걷고 있는 길이 어디에서 시작되어서 어느 곳을 향해 나 있는지 살펴봅시다. 여러분이 있는 판은 지금 어떻습니까?

# 3

## { 편집 기획을 하십니까? }

　출판 편집 공정의 책임자라면 일에 목표와 방향이 있어야 합니다. 물론 대부분의 경우 원고에 대한 판단과 편집 방향 없이 일을 시작하지는 않습니다. 하지만 편집 공정을 진행하는 동안 자주 어려움에 봉착한다면 자신이 편집 기획 단계에서 명확히 하지 않은 것이 있었는지 확인해 볼 필요가 있습니다. 원고와 책에 확신이 있다면 닥쳐온 문제를 해결하는 방법도 상대적으로 명확해질 것이기 때문입니다. 출판물의 제작 공정은 고독한 편집자가 원고와 원고를 둘러싼 환경을 이해하고 협력자와 소통하고 사태를 판단하며 완결하는 과정입니다. 편집의 시작 단계에 구성된 편집자의 '확신'은 보도 자료를 쓸 때까지 작업에 일관성을 유지하도록 해 줍니다. 이러한 확신은 원고를 판단하는 데서 시작되지요. 편집자는 무엇보다 원고를 잘 알아야 합니다. 최초의 독자로서 원고의 내적 외적 구조와 맥락을 다각도로 면밀히 검토하여 정확하게 파악하는 데서 시작해야 이후 과정을 주도할 수 있습니다.

편집 기획서는 원고를 중심으로 책이 만들어지는 과정을 시뮬레이션하는 도구입니다. 이를 통해 일의 목표와 방향을 관리하는 것이지요. 또한 상사와 마케터 등 내부 협력자들과 소통하고 조율하기 위한 프레젠테이션 자료로 활용되기도 합니다. 편집 기획이 중요한 일이기는 하지만 편집자 누구도 작업 시간을 넉넉히 두고 일하지 않습니다. 매번 공들여 기획서를 작성하는 일은 번거로울 수도 있고 비효율적일 수도 있겠지요. 중요한 건 편집 기획서가 아니라 '편집 기획'입니다. 서류 작성이 목적이 아니고 기획 자체가 목적입니다. 물론 기록 자체도 중요하므로 주요 항목을 설정해서 편집 기획서 양식을 만들어 매번 기록해 두기를 권합니다.

편집을 첫 쪽 교정부터 시작해서는 누구나 만들 수 있는 책을 넘어서기 어렵겠지요. 공정을 진행하는 과정을 장악하기 어려울 수도 있습니다. '편집'은 표준을 정할 수 없는 일입니다. 책 한 권에 단 한 번의 공정이 있을 뿐, 매번 다른 작업입니다. 편집자는 매번 책 한 권을 만듭니다. 같은 원고라도 다른 편집자를 만나면 다른 책이 됩니다. 책이 만들어지는 과정에는 매우 다양한 맥락이 관여하기 때문입니다. 원고 파악을 기초로 '책의 상'을 견고히 그려 본뒤라야 편집이 시작됩니다. 원고를 읽고 판단한 편집자의 뇌리에 '이 원고는 이런 책이 될 것이다!' 하는 추상적이면 서도 한편으로는 구체적인 그림이 떠오르는 것이죠.

편집자는 편집 공정을 거쳐 원고를 책으로 만들 겁니다. 그렇다면 '책'이란 무엇인가요? 책의 사용자로서 우리는 책을 이렇게 말하죠. "이 책 정말 재밌어", "거기 있는 책 좀 갖다 줘", "이 책은 읽기가 불편하네." 책이 재미있다 고 한다면 책의 내용을 말한 것이죠. 또한 책은 공간을 차 지하는 물질적 형태를 지니고 있습니다. 무게도 있고, 한 손에 잡히고, 좌우로 펼쳐지고요. 책이 읽기가 불편하다 고 한다면 판면의 사용법, 즉 활자가 너무 작다거나 반사 광 때문에 눈이 부시다거나 종이 결을 잘못 써서 책이 자 꾸 되접힌다거나 하는 점을 말한 겁니다. 책을 만드는 동 안 우리는 책의 이런 특성을 잘 알게 됩니다. 내용이 책인 가? 내용을 담은 형식이 책인가? 책은 이제 내용과 형식을 분리할 수 없는 매체입니다. 편집자는 책의 내용만을 다루 지 않습니다. 물론 형식에 관해서는 디자이너나 인쇄소 등 의 협력이 필수입니다만. 편집 기획에서 이런 점을 간과하 지 않도록 해야겠지요.

"원고를 장악해야 권력이 생긴다." 원고 판단의 중요성 을 이렇게 말할 수 있습니다. 책임 편집자가 공정을 주도 할 수 있는 힘의 원천은 원고입니다. 원고는 출판의 원재 료이니까요. 편집 공정 전체가 원고를 기반으로 이루어집니다. 저자와도, 독자와도, 디자이너와도 원고를 기반으로 소통합니다. 편집자는 원고가 책이 되는 변수로 가득한 불안정한 과정을 헤치고 나가야 하는 사람입니다. 먼저 첫 독자가 되어 막 저자에게서 온 원고에서 시작해서 교정쇄를 거치며 적어도 네 차례는 원고를 읽게 됩니다. 편집자의 원고 읽기는 내용을 이해하는 데만 머무르지 않습니다. 저자와 독자, 사회와 시장까지 다다르게 되지요. 편집 기획 단계의 원고 검토는 출판 여부를 결정하는 원고 검토와 다릅니다. 이때는 출판하기로 결정된 원고를 살피는 겁니다. 이것은 어떤 원고이며 어떤 책으로 만들 것인가? 이 질문을 축으로 전방위에서 원고를 객관적으로 치밀하게 살펴서 연관된 사항을 정리합니다. 원고의 분량, 목차, 표나 지도, 사진 등 부속 원고의 구성, 문체, 원고의 개요, 주제, 완성도, 글의 구조, 강점과 약점, 보완점 등. 이런 내용을 살필 때는 모든 내용을 다 읽는 것이 아니라 전체적인 것을 살피는 방식으로 봐야 합니다. 원고와 객관적인 거리를 유지하면서 비판적인 시각에서 살피는 것이 유효합니다. 검토의 목적이 편집 방향과 목표를 설정하는 데 있기 때문입니다. 원고 전체와 각 꼭지 분량, 목차 구성 등 형식적 측면부터 전체적으로 측정하는 방식으로 접근하는 편이 좋습니다.

원고를 검토한 다음에는 책이 나왔을 때 놓일 위치를 생각하고 서점에서 유통 중인 유사 도서를 검토합니다. 온라인 서점을 이용합니다. 포지셔닝을 고려해서 서점의 범주를 살피는 것이 기본이죠. 저자의 기출간 도서도 검토 대상입니다. 우리 출판사의 동일 범주 책도 검토합니다. 검토 대상은 경계를 명확하게 두기보다 오히려 관점을 달리한 데서 시사점을 얻을 수도 있습니다. 소재가 유사한 도서, 판면의 사용법이 유사한 도서 등. 초판 발행 시기, 제목, 판형, 쪽수, 정가뿐 아니라 반드시 판매 지수를 기록합니다. 목차와 책 소개, 독자 서평을 검토하고 특성과 유의미한 점을 기록합니다. 유사 도서에서는 현재 작업 중인 책이 어떤 면에서 시장에서 차별화될 수 있는지에 관한 근거를 찾는 것이죠. 유사 도서를 살피다 보면 작업 중인 책이 놓일 자리가 점차 명확해질 것입니다. 이쯤 해서 이 원고가 어떤 책이 될지 구체적으로 보이기 시작합니다. 어느 정도의 크기로 만들고 가격을 어느 정도로 매길지, 초판 발행 부수는 얼마로 하고……

원고를 내적으로 살피고, 시장 상황까지 살폈으니 이제 '왜 이 책을 내는가'를 정리할 수 있습니다. 드디어 편집 기획서를 작성합니다.

먼저, ① 도서 정보를 정리합니다. 부르기 쉽게 콘셉트를 담은 가제목을 쓰고, 번역서라면 원서명과 초판 발행일도 쓰고, 저작자(저작권자로서 창작자인 저자, 번역자 등) 이름, 원고의 분량, 목차, 예상 판형, 인쇄 및 제본 방식, 출판 분야, 발행 예정일, 예상 책값 등을 한눈에 볼 수 있게 제시합니다.

② 출판 의의를 정리합니다. '우리 출판사에서 이 책을 왜 출판하는가'를 4백 자 이내로 정리합니다. 원고 내적 맥락, 사회적 의의, 트렌드의 반영, 매출에서의 기대 등을 담겠지요. 그다음 ③ 저작자 정보를 정리합니다. 기본 정보 및 특이점, 기출간 도서 등. 발행 후 홍보와 관련된 요소이므로 가급적 세세하게 적는 편이 좋습니다. ④ 구성안으로 목차를 정리합니다. 목차는 책의 내용 지도라고 할 수 있습니다. 장의 구분, 장 제목, 소제목 등이 누구라도 한눈에 내용을 알 수 있게 해 줍니다.

⑤ 편집 방향과 보완책. 원고의 강점과 약점을 중심으로 정리하되, 강점을 강화하고 더불어 약점을 보완할 방법을 구체적으로 제시합니다. 교정의 수준과 방향도 이를 근거로 설정할 수 있습니다. ⑥ 유사 도서 분석. 기본적으로 온라인 서점을 조사하여 유사 도서를 분석합니다. 분석 결과 신간을 시장에서 차별화할 방안을 제시하여 기획서에 설득력을 높일 수 있습니다. 판매 지수, 발행 시기 등 수치를 사용하는 편이 좋습니다. ⑦ 독자층 설정. 1차 핵심 독자, 2차 확산 독자로 구분하여 정리합니다. 핵심 독자를 구체적이고 명확하게 설정하는 것이 좋습니다. 신문 기사나 통계 자료 등을 제시하면 설득력을 높일 수 있습니다. 소구할 독자층이 확실할수록 책의 콘셉트도 명확하게 할 수 있습니다. ⑧ 에스더블유오티SWOT 분석. 핵심 독자층을 염

두에 두고 시장 상황에 적절히 대처하기 위해 필요한 작업입니다. 시장에서의 상황이므로 원고가 아니라 완성할 책을 근거로 해서 작성합니다. 강점(Strength)과 약점(Weakness), 기회(Opportunity) 요인과 위협(Threat) 요인을 조사 자료를 활용해서 분석, 정리합니다.

⑨ 편집 일정. 마지막으로 일정을 정리합니다. 출판까지의 공정을 최종 일정을 중심으로 판단하되 예비 시간을 두고, 예정일에 맞출 수 있게 조정합니다. 전체 공정에 투여될 자원의 종류와 양, 투입 시점 등을 책임자와 논의하여 미리 공유합니다. ⑩ 홍보 및 마케팅 방안. 편집자의 시각에서 독자에게 신간을 알릴 수 있는 방안을 정리합니다. 판매 목표와 출간 전후 기본적인 마케팅 프로모션 계획을 발행 전에 마케팅 부서와 미리 협의하고 공유합니다. 마지막으로 ⑪ 단행본의 개요를 정리해서 ①의 도서 정보 다음 순서로 올립니다. 4백 자 이내로 간결하게 책의 성격을 정리합니다. 여기에 원고 검토 후 편집 기획 과정에서 편집자의 머릿속에 떠오른 '책의 상'이 정리됩니다. 이 부분을 자신 있게 썼다면 편집 공정을 자신 있게 주도적으로 수행해 갈 수 있을 것입니다. 개요는 보통 콘셉트보다는 큰말이라고 생각됩니다. 개요를 축약하면 콘셉트를 만들 수 있겠지요. 콘셉트는 이후 제목을 결정하고 디자인 안을 수용하고, 표지 문안을 쓰고, 마케팅 포인트를 정하는 등 결정권자나 부문별 책임자들과 소통에서 메시지를 정확하게

전달할 때 유용하게 작동합니다. 콘셉트를 줄이면 핵심 광고 문안이 됩니다. 보도 자료나 표지의 홍보문에서 눈길을 끄는 한두 문장의 강렬한 광고 문구는 어느 관점에서 바라보든지 단행본을 명쾌하게 표현합니다. 왜냐하면 이렇게 거대한 빙산의 일부였기 때문이죠!

원고 검토와 편집 기획의 중요성, 편집 기획서의 내용을 짚어 보았습니다. 편집자는 자기 취향이나 독단으로 사안을 결정하고 일을 진행하는 사람이 아닙니다. 어디까지나 원재료와 사태를 객관적으로 검토하여 책의 상을 그린 다음에야, 저자와 독자를 비롯 협력자들과 결정권자들 사이에서 자신의 생각을 관철해 가는 사람이지요. 협력자들의 활동력을 최대한으로 올릴 수 있고, 여러 복잡한 사안 사이에서 해결 방안을 낼 수 있고, 최종 결과물을 함께한 사람들과 공유할 수 있는 편집자라면 어려운 가운데서도 보람을 느낄 일이 많을 것입니다. 어떤 일도 생각대로만 되지는 않지요. 하지만 자신이 하는 일이 무엇인지 아는 사람은 난관조차도 감당할 수 있습니다. 책임 편집자가 편집 공정을 시작하기 전에 편집 기획을 하는 까닭이지요. 자신이 주도해 갈 '판'을 미리 조감하고 방향과 목표를 설정한다면 실무를 훨씬 유연하게 진행할 수 있습니다. 그런 '판'을 1년이면 몇 차례씩 운영하는 사람이 편집자입니다.

# 4
## { 교정은 어떤 일인가 }

교정이 잘된 책을 찾기는 어렵습니다. 시중에 그런 책이 없다는 이야기가 아닙니다. 거꾸로 교정이 제대로 안 된 책은 바로 알아볼 수 있습니다. 교정이 잘되었다면 교정은 흔적조차 남기지 않았을 터이고, 제대로 되어 있지 않다면 독자가 바로 불편을 느끼기 때문이지요. 교정은 그런 일입니다. 잘했을 때는 안 보이고, 못했을 때 두드러져 보이는 일. 그래서 편집자 자신 말고는 평가하기가 어렵습니다. 심지어 저자조차 교정된 자리를 알아차리기 어려울 수도 있지요. 천의무봉天衣無縫, 좋은 교정은 천사의 옷처럼 꿰맨 자리가 없으니 말입니다. 이렇다 보니 교정이 출판의 기본이고 중심임에도 내부에서 되레 폄하되는 일 잦습니다. 그러니 편집자가 스스로 이 일의 중요성을 깨닫고 실력을 키우고 애써 시간을 들여야 합니다. 그러지 않으면 자칫 교정에 소홀해지고 그 결과가 고스란히 독자의 몫이 되고 맙니다. 독자 가운데서도 그 책이 꼭 필요했던, 그 책을 꼭 읽히려 했던 핵심 독자 말입니다.

실질적인 교정은 책임 편집자가 진행하는 편집 공정, '출판의 최소 단위'에서 본격적으로 수행됩니다. 하지만 교정 업무가 실무 단계에만 국한되지는 않습니다. 원고 없이는 출판이 없지요. 출판이 저작자 사유의 결과물인 원고를 재료로 삼아야만 가능한 행위이므로 출판물 제작 공정 전반에서 텍스트가 전제되지 않은 단계란 거의 없습니다. 따라서 교정이 문제시되지 않는 때는 없다고 해도 과언이 아닙니다. 출판의 모든 과정에서 교정은 의미 있는 키워드로 다루어져야 합니다. 특히 편집 공정에서 원고를 다루는 일은 엄격하게 수행해야 할 기본적이고 중요한 일입니다. 편집 공정이라는 판을 편집자가 주도할 수 있게 하는 것도 결국 원고죠. 이때 편집자는 교정 전문가입니다. 원고를 중심으로 이루어지는 공정의 각 단계를 시간을 들이고 비용을 들여서 제대로 해야 책이 제대로 만들어집니다.

그럼 교정이란 어떤 일일까요? 정의부터 살펴볼까요? '교정 교열'이라는 표현이 있습니다. '교정'이라고 하면 틀린 문장이나 오탈자, 띄어쓰기 등을 바로잡는 수준, '교열'이라고 하면 내용의 오류까지 바로잡는 수준이라고 나누어 설명하기도 합니다. 사전에서는 일본어에서 온 한자말인 교정과 교열을 다음과 같이 정의했습니다.

교정校正: 교정쇄와 원고를 대조하여 오자, 오식, 배열, 색 따위를 바르게 고침.

교열校閱: 문서나 원고의 내용 가운데 잘못된 것을 바로잡아 고치며 검열함.

그런데 현장에서 일하는 편집자에게 물으면 이 업무를 '교정 교열'이라고 하는 예가 드뭅니다. 통칭해서 '교정'이라고 하지요. 우선, 실제 원고에서는 틀린 것을 바로잡는 일과 내용의 오류까지 바로잡는 일에 어떤 경계가 없기 때문이지요. 심지어 문장 자체에 전혀 틀린 부분이 없더라도 문장이 놓인 맥락에서 수정이 필요하면 바로잡아야 합니다. 문단 하나에서 조사 하나, 어미 하나를 바로잡는 교정이라도 문단 전체 혹은 해당 꼭지의 주제와 맥락을 이해한 다음에라야 가능한 일입니다. 게다가 저작자의 원고에 대한 권리가 엄연한 데다 이미 사회 문화적으로 경험한 바있는 '검열'의 의미도 상기하지 않을 수 없지요. 현장에서 쓰는 '교정'의 뜻은 다음과 같이 포괄적으로 이해하는 편이 좋다고 봅니다.

교정校訂: 헤아려서 바로잡음.

사전에서는 교정校訂을 "남의 문장 또는 출판물의 잘못

된 글자나 글귀 따위를 바르게 고침"이라고 풀었습니다만, 편집자의 입장에서 교정은 헤아려서(校), 바로잡는(訂) 일입니다. 교정의 모든 과정은 기본적으로 생각과 주제, 맥락을 헤아리는 일입니다. 원고 자체를 내재적으로 판단하고 저자의 목소리를 파악한 뒤, 독자와 세상에서의 맥락을 생각하며 출판물의 완성도를 높이는 '지식 노동'이니까요.

교정의 대상인 원고는 무엇입니까? 앞서 언급했듯이 원고는 우선 ① 출판물의 원재료입니다. 원고 없이 출판이 불가능하므로 원고 생산이 중요한 전제가 되지요. 이 원재료를 가공하는 일이 편집입니다. 원재료가 문자 텍스트를 중심으로 구성되므로 교정이 기본 업무가 됩니다. 다음으로 원고는 ② 지면 구성의 재료입니다. 분량이 얼마나 되는지, 장이나 꼭지가 몇 개나 되는지, 소제목을 쓰는지, 사진이나 도표, 각주나 캡션이 있는지, 독자가 누구인지에 따라 지면 구성의 방법도 달라집니다.

또 원고에는 법이 보호하는 저작권자가 있다는 사실을 늘 유의해야 합니다. 원고는 ③ 저작권자의 법적 자산입니다. 편집자는 출판권자로서 출판사가 지닌 권한과 범위를 알아야 합니다. 단행본 출판이라면 재산권 가운데서 "저작물을 원작 그대로 출판할 권리"(저작권법 제63조)인 출판권의 이용만을 허락받았을 것입니다. 또 '동일성유지권'이라는 저작자 일신에 전속하는 인격권이 출판에 영향을 미칩니다. 동일성유지권이란 "저작물의 내용, 형식 및 제호의 동일성을 유지할 권리"(저작권법 제13조)입니다. 이는 표준 계약서에서 저작자에게 '내용에 대한 책임' 또는 '교정의 책임'이 있음을 정한 규정과 연장선에 있습니다. 즉, 변형이 있을 때는 반드시 저작자의 동의를 얻어야 합니다. 반드시 저자 교정과 역자 교정을 거쳐야 하며, 편집자는 자신이 다루는 원고가 저작자의 것이며 자신의 작업이 저작자를 설득할 수 있어야 한다는 사실을 항상 염두에 두어야 합니다.

한편 출판사는 계약에 따라 저작자에게서 출판에 적합한 '완전한 원고'를 받기로 했을 것입니다. 그러나 현실이 항상 그렇지는 않죠. '불완전한 원고'를 받았더라도 원고를 저작자에게 되돌리기는 쉽지 않습니다. 매출을 얻기 위해서는 신간의 발행 일정을 고수해야 할 테니까 말이죠. 게다가 완전한 원고를 받을 가능성이 떨어진다면? 여기에 편집자의 딜레마가 숨어 있습니다. 재탈고를 요청할 것인가, 불완전한 상태를 감수할 것인가. 대개는 후자가 유일한 선택지입니다. 긴 이야기는 접기로 하지요. 다만 불완전한 원고가 입고되지 않도록 집필 관리를 철저히 한다든지 해서 미리 조처하거나, 불완전한 원고를 완전한 원고로 여기지 말기를 권합니다. 갈고 닦는 것이 능사가 아닙니다. 편집자는 저자의 한계를 넘어설 수 없습니다.

자, 교정은 실제로 어떤 일일까요? 교정을 펜을 들고 무작정 원고를 고치는 일로 생각하고 덤볐다가는 힘만 빼고 실패하기 십상입니다. 교정은 결코 '오자나 잡는 일'이 아닙니다. 교정이야말로 '편집의 본령'이죠. 편집 공정은 기실 교정의 과정입니다. 교정은 원고 검토와 더불어 시작되고 교정을 마치면서 편집이 끝납니다.

교정은 판단이고 설득입니다. 교정을 하기에 앞서 꼭 해야 할 일이 있지요. 바로 원고를 판단하여 교정 방향과 원칙을 정하는 일입니다. 이는 편집 기획 단계에서 준비되어 초교에서 저작자 교정에 앞서 최종 정리됩니다. 앞서 살폈듯이 편집 기획의 첫 단계는 원고 검토입니다. 이것은 어떤 원고이며 어떤 책이 될 수 있는가? 저자는 누구인가? 이 주제를 다룰 만한 사람인가? 독자를 알고 있는가? 독자는 누구인가? 원고의 상태는 어떤가? 교정 수위는 어느 정도로 해야 하는가? 저자는 문장에 어떤 메시지를 담고자 했는가? 문장을 교정해야 한다면 이유는 무엇인가? 수정하는 방법에는 어떤 것들이 있는가? 그 가운데서 어떤 방법이 적절한가? 근거는 무엇인가? 이런 질문을 던지며 객관적인 거리를 유지한 채 원고를 전체적으로 파악해야죠. 분량, 목차, 부속 원고 구성, 문체, 원고의 개요, 주제, 완성도, 글의 구조, 강점과 약점 등 원고의 내용적 측면과 형식적 측면을 동시에 살핍니다.

반드시 해야 할 일은 원고의 '완성도 판단'입니다. 논지가 정확한가? 글의 구조는 적절한가? 사실관계는 정확한가? 주장에 논거가 있는가? 주제화는 잘되어 있는가? 문장은 메시지를 정확하게 전달하는가? 표현법은 안정되어 있는가? 문체는? 난도는? 분량은 적절한가? 단행본에 적절한가? 정서법의 수준은? 이와 같은 질문을 던지며 종합적으로 원고 완성도를 판단합니다. 이로써 교정 수위를 정할 수 있습니다. 호미를 쓸 것인지, 삽을 쓸 것인지, 트랙터를 써야 할 것인지 말이죠. 원고의 완성도 판단을 기준으로 삼고, 글의 내외적 맥락, 사실관계, 호응 관계, 낱말의 뜻과 용법 등을 주의 깊게 살펴 '교정의 방향과 원칙'을 일차 설정합니다. 이제야 교정 펜을 들 때가 되었습니다.

다음으로 교정은 과정입니다. 출판물 교정이 다른 매체 교정과 다른 점이 있다면 과정 몇 단계를 거치며 완결된다는 사실입니다. 완성도가 높은 원고라도 초교에서 교정을 마칠 수는 없습니다. 단행본은 몇 분 만에 단번에 읽을 수 없습니다. 분량이 많고 구조도 복잡합니다. 독자는 활자로 이루어진 선형의 텍스트를 좌 상단에서 우 하단으로 읽어 내려가며 머릿속에 내용을 재구성합니다. 편집자는 이러한 동선을 앞서 경험하며 독자의 인터페이스를 점검하는 겁니다. 주제와 내용, 개념어, 도표와 각주, 사진 자료와 캡션의 위치와 크기, 서체의 적절성 및 변별성 등을 동시에 살피면서 말입니다. 컴퓨터 화면을 통해서 한 번, 판형을 정해 판면을 갖춘 교정쇄를 통해서 두 번, 세 번……. 편집자는 일련의 과정을 반복하여 책을 완성합니다.

모든 단계에서 원고는 전체로서 살펴야 합니다. ① 먼저 흩어져 있는 원고를 파일 하나에 모으고 목차를 정리합니다. 원고 검토 및 편집 기획을 통해 편집 방향을 결정했다면 '컴퓨터 교'(PC교라고도 함)를 진행합니다. 판면에 원고를 고정하기 전에 부호나 띄어쓰기를 확인하거나 고유명사에 원어를 병기하거나 사진이나 사진 설명, 각주 등을 정돈합니다. 디자이너에게 전달될 '조판용 파일'을 만드는 것이지요. 저작자와 내용 교정을 진행해서 원고 자체를 정돈하는 일을 할 수도 있습니다. 이때는 원고의 세부를 다듬으려 하기보다는 크게, 먼 거리에서, 의구심을 갖고, 비판적으로 봅니다. ② 디자인 전략에 따라 만든 교정쇄가 나옵니다. 교정 1쇄입니다. 이때 염두에 둘 것은 '첫 문장부터 완벽하게 교정할 수 없다'는 사실입니다. 컴퓨터 교일 때보다 '책'에 더 가까워져 있지만, 세부에 집중하기에는 이릅니다. 처음부터 원고에 너무 가까이 다가가지 않는 것이 좋습니다. 적당한 거리를 유지하고 편집 방향에 의거, 목차 및 컴퓨터 파일을 근거로 하여 판면의 구성 요소를 확인하면서 문장성분의 호응과 낱말의 용법 등에 유의하며 문장을 교정합니다. 교정은 '문장' 단위에서 이루어지죠. 글 전체의 구조를 익히고 주제와 특징을 살피고 교정한 문장의 유형을 정리하고 저자에게 질문할 사항을 메모합니다. 이렇게 1교를 마치면 교정의 수위를 구체적으로 정할 수 있습니다. '교정의 방향과 원칙'을 최종 정리합니다.

사실 교정이 어려운 까닭은 문법이 약하거나 정확한 표현을 모르는 데 있지 않습니다. 교정의 원칙을 정하지 못했기에 어렵습니다. 대개 원고에 어디까지 개입할 것인가를 정하지 못했기 때문에, 무슨 일을 해야 할지 모르고, 권한을 모르기 때문에, 판단할 수 없기 때문에 어렵습니다. 교정해야 할 문장이 있을 때 문장을 수정하는 방법은 하나가 아닙니다. 또 어색하거나 부자연스러운 부분이 없어질 때까지 갈고 닦는 것이 능사가 아니지요. 자칫 저작자와 충돌할 수 있습니다. 한편으로는 저작자의 몫인지 편집자의 몫인지 분간해야 합니다. 편집자는 과욕을 경계해야 합니다. 저작자를 설득할 수 없는 교정은 무의미합니다. 원문에 의지해서 객관적인 태도를 유지해야 합니다. 교정 공정을 통틀어 객관적인 태도와 일관성을 유지하려면 교정의 수위를 정하고, 교정의 방향과 원칙을 정하는 일은 필수입니다.

③ 새 교정쇄가 나오면 반드시 이전 교정지와 대조해야 합니다. 대조를 마친 교정 2쇄 한 벌에 '교정의 방향'과 질문 사항을 정리하여 저작자에게 보내고 교정을 요청합니다. 교정의 방향과 원칙에 의거해서 글 전체의 흐름을 염두에 두고 부속 자료의 유기적인 관계를 점검하며 교정을 진행합니다. 저작자가 교정한 내용을 교정지에 반영해서 디자이너에게 보내 교정 3쇄를 요청합니다. 저작자 교정

내용까지 확인한 이때쯤이면 본문은 거의 고정되었습니다. 저작자도 교정을 마쳤으니 이제 책 제목을 정하고 표지 디자인을 발주하기에 적당한 때입니다. ④ 최종 교정쇄가 나오면 이전 교정지와 대조합니다. 본문의 교정이 끝나면 찾아보기나 차례 등을 작업할 수 있습니다. 판면의 모든 구성 요소를 최종 점검하고 교정을 완료합니다. ⑤ PDF 파일을 작성하고 오류를 점검한 뒤, 배열표를 작성하고 제작 발주를 준비합니다.

교정은 헤아려서 바로잡는 일이고, 설득하고 판단하는 일이며, 과정을 통해 완수됩니다. 원고가 책이 되어 가는 편집의 과정이 곧 교정 과정입니다.

# 5
## { 지원서 쓰는 법 }

편집자로서 자기 자리를 찾기까지는 어느 정도 시간이 걸리는 것이 현실입니다. 조직은 일하는 사람의 '가능성'을 필요로 한다기보다 결과를 원하니까요. 머릿속에 있는 지식은 실력이 아니라서 누구를 설득할 수가 없습니다. 조직에는 대개 위계가 있기 마련이고, 입사해서 처음 그 위계 속에 자리를 잡고 실력이나 업적을 인정받아 급여를 올리거나 상급 직책을 얻기까지 상당한 시간이 걸립니다. 입사한 지 얼마 되지 않았다면 기발한 아이디어를 주장한다 하더라도 결정권자를 설득하기가 어렵습니다. 회사가 새로 들어온 사람을 말만 듣고 믿어 줄 리가 없겠지요. 회사에는 회사의 생리가 있으니, 조직에 막 들어간 사람은 해당 조직의 생리를 따라 배우는 일부터 해야 합니다. 신입이 자기 몫을 해낼 때까지 각별히 살펴 주는 일이 없을지도 모릅니다. 오히려 시험에 들 수도 있고 먼저 있던 사람의 텃세를 방어해야 할 수도 있지요. 게다가 회사는 만족하는 법이 없습니다. 잘 해내면 쉴 틈도 없이 더 잘하기를 바라는 것이 조직의 생리죠.

회사에서 주도적으로 일을 한다는 건 그냥 업무 능력만 갖고 되지 않습니다. '일머리'란 개인이 지닌 지식이나 기술만 가지고 파악하기 어렵고, 거기에 더해서 일을 가능하게 하는 물적, 인적 시스템을 일정한 기간 동안 경험해서 스스로 운용해 보아야 어느 정도라도 얻을 수 있는 것입니다. 편집도 원고의 내적 맥락을 틀어쥐고 이끌고 가는 것이 가능한 정도만 가지고는 기존의 내용 및 형식을 넘어서서 자기만의 편집 방향을 설정하여 결정권자를 설득하는데까지 시간이 필요합니다. 회사가 인정할 만큼 기여도가 높지 않다면 회사가 아직 여러분을 믿지 못하는 건 당연한 일입니다. 그럴 때 갑갑하고 힘들어서 '회사가 맞지 않나?', '이직을 해야 할까', 심지어 '이 일이 안 맞나?' 하는 생각이 들 수도 있지만, 이때는 신뢰를 얻기 위해 적응하고 노력해야 하는 때입니다. 어딜 가더라도 이런 적응 기간은 또 거쳐야 합니다.

어느 정도의 권한을 가지고 일하게 될 때까지는 시간이 필요합니다. 후배 직원들을 책임지고 팀의 성과를 책임져야 할 때가 오기 전에는 '일은 내가 하지만 책임자가 따로 있는 보조 편집자'의 시절을 잘 활용해야 합니다. '책임져야 할 때 책임질 수 있는가'가 '왜 지금 내가 결정할 수 없는가'보다 중요합니다. 지금은 실력을 다질 때이지 실력을 뽐낼 때가 아닙니다. 그래서 저는 자주 초년 시절에 너무 열심히 하지 말라고 조언합니다. 의욕을 꺾는 이야기가 아닌 것이, 혈기 방장하여 성과에 매달려 홀로 달리다가 스스로 감당하기 어려운 스트레스에 직면하는 예가 없지 않기 때문입니다. 아직은 누군가가 앞서 기획한 일에 참여한 사람답게 조직에 적응하면서 적절히 처신할 필요가 있지요.

한편 여러분은 아직 일할 만한 회사를 찾지 못했을 수도 있습니다. 업계에서 자기 자리를 찾는 일은 결코 쉬운 일이 아닌 것 같습니다. 저자들과 유대가 깊거나 충성 독자층이 있거나 신간 판매 지수가 높아 좋은 회사라고 여겨지는 회사라도 일할 만한 회사인가는 실제로 일해 봐야 압니다. 함께 일하기 곤란한 사람과 팀을 이루어야 할 수도 있고, 편집부 직원이 하나둘 그만두기도 합니다. 자신에게 할당된 업무가 기대한 내용이 아니거나 회의를 거쳐 결정되어 진행되던 사안이 몇 번씩 뒤엎어지기도 합니다. 권한과 책임이 불분명해서 일이 대중없이 진행된다거나 일이 생겼을 때 발뺌을 하거나 아랫사람에게 책임을 전가하는 상사를 만나기도 합니다. 그런 상황에서 어떠한 방어막도 없어 무작정 사직서를 내기도 하죠. '편집자는 내 일이 아닌가 보다' 하며 얻은 상처가 생각보다 깊어 다시 이 길로 접어들기가 두렵습니다. 좋은 일터가 적지 않지만 일하는 당사자에게 좋은 회사인가는 다른 문제입니다.

그러니 우선 출발부터 신중히 해야 합니다. 가급적 자신과 결이 맞는 회사에서 시작하는 것이 좋겠지요. 이때 회사 정보를 찾는 일보다 먼저 '내가 어떤 사람인가'를 알아야 합니다. 그래야 자신이 일할 회사를 어느 정도는 '선택'할 수가 있습니다. 규모가 크고 도서 목록이 훌륭한 출판사에 자신이 이러저러한 사람이니 뽑아 쓰라고 하는 것은 처분에 따르겠다는, 상대방이 지원자를 자의적으로 판단할 우려가 있는 수동적인 태도입니다. 만약 입사를 하게 되더라도 지원자를 향한 회사의 기대치가 높거나 자신이 맡은 업무에 적응하기 어렵게 됩니다.

편집자로서 나는 어떤 사람인가. 경력자라면 경력을 기술함으로써 업무 능력을 어느 정도는 객관적으로 판단할 근거를 마련할 수 있겠지만, 아직 경력이 충분하지 못한 경우라면 이런 질문에 답하기가 쉽지 않습니다. 어떤 편집자가 될 수 있을까? 어떤 근거로 편집자가 될 자신을 판단할 수 있을까요? 우선은 독서 경험이겠지요. 어떤 책을 어떻게 읽어 왔는가, 그래서 어떤 세계를 아는가, 어휘 능력은 어느 정도인가, 그런 경험을 통해서 '책 만드는 일'에는 어떻게 접근하게 되었는가, 인간과 사회에 관한 관심은 어느 정도인가, 배움을 즐기는가, 어떤 책을 만들고 싶은가, 어떤 저자를 아는가, 원고를 읽고 판단하는 일을 잘할 수 있는가, 낯선 세계에 흥미를 느끼는가, 책 만드는 공정을 잘 해낼 수 있는가, 활동적인가 내향적인가, 대범한가 세심한가 등등. 나는 책을 만드는 일을 왜 하려고 하는가? 이 질문에 긍정적으로 답할 수 있어야 하고, 그런 다음 자신이 어떤 유형의 출판사와 어울리는지까지 스스로 판단할 수 있다면 입사 전형에도 주체적으로 임할 수 있을 것입니다.

기본적인 입사 지원서는 이력서와 자기 소개서입니다. 먼저 이력서는 지원 목적에 어울리는 항목이 한눈에 들어오도록 배치합니다. 새롭고 중요한 정보를 위쪽에 씁니다. 반드시 희망 연봉을 적어야 합니다. 대졸 초임 정도를 제외하고는 '내규에 따름'은 없다고 생각하는 것이 옳습니다. 대졸자 초임도 정하기 나름입니다. 팀원의 연봉을 팀장이 모릅니다. 연봉은 회사와 여러분이 협상할 사안이죠. 이력서에 적어 두지 않으면 면접 시 언급하기 어려울 수도 있습니다. 근로 계약서를 쓸 때에야, 혹은 첫 월급을 받을 때에야 회사가 지불하길 원하는 금액을 확인하게 될 수도 있습니다. 적절한 수준을 스스로 정하려 하지 않으면 협상은커녕 결정권 자체를 넘기게 됩니다. 임금은 일단 정해지면 올리기가 쉽지 않습니다.

의외로 많은 이가 자기 소개서 쓰는 법을 모릅니다. '소개서'라는 명칭에 대한 오해 때문인지 아니면 게으름 때문인지 첫머리부터 감상적으로 시작해서 머릿속에 떠오르는 생각을 마음 가는 대로 쓰는 거죠. 하지만 그 문서를 읽는 사람은 누구도 당신이 지금 '하고 싶은 것', '안타깝게 여기는 것', '좋아하는 것', '생각하는 것'이나 당신의 내면을 궁금해하지 않습니다. 머릿속에 '우리가 원하는 사람인가?'라는 질문을 품고 있는 담당자를 첫 문장에서 매혹해서 마지막까지 꼼꼼히 읽어 보게 하고, "일단, 만나봅시다"라는 말이 나올 정도가 되어야 좋은 글이라고 할 수 있죠. 자기 소개서는 읽는 이를 설득해야 하는 목적이 뚜렷한 실용문입니다.

출판사의 전형 과정은 일반적으로 서류 전형, 면접 전형(실무자 면접, 임원 면접)으로 이루어집니다. 번역이나 교정, 논술, 한자 등의 시험을 치르는 경우도 있지요. 지원 서류는 이력서와 자기 소개서가 기본이고, 추가로 자사 도서의 서평이나 주력 분야 또는 독자에 대한 분석 보고서, 출판 기획안 등을 요청하기도 합니다. 출판사는 짧은 전형 과정을 거치면서 여러분이 실제로 어떤 일을 할 수 있는지, 함께 일할 만한 사람인지를 최대한 객관적으로 평가해서 알아내고 싶을 것이고, 그 일에서 실패하고 싶지 않아합니다. 사람이 들고 나는 일이 그만큼 중요한 일이기 때문이죠.

그렇다면 어떤 출판사에 들어가 일할 생각이 있을 때 가장 먼저 해야 할 일이 무엇일까요? 물론 지원서를 준비하는 일입니다. 지원서 준비에서 가장 먼저 할 일은 문서 타

이핑이 아닙니다. 그래 봤자 모니터에서 커서가 깜빡이는 것을 몇 시간째 지켜보고 있는 자신을 발견하게 될 뿐이죠. 그러다 자아비판이나 꿈이 컸던 어린 시절을 회고하는 쓸모없는 문장을 써 내려갈 겁니다. 그럼 뭘까요? '조사'입니다. 알아야 쓸 수 있겠지요. 그 회사가 어떤 회사인지, 어떤 사람을 뽑으려고 하고 왜 뽑으려고 하는지, 지원자에게 원하는 것이 무엇인지, 자신이 어떤 회사에 들어가려고 하는지 말이죠. 최대한 구체적으로 알아야 하지 않을까요? 그런 것을 우리는 '정보'라고 하죠. 정보 조사를 많이 할수록 회사를 잘 알 수 있겠죠. 지원자인 자신에 대해서도 잘 알게 됩니다.

조사를 충분히 했다면 '전략'을 세웁니다. 우리 회사가 어떤 책을 냈는지를 알고나 지원했는지 모르겠다고 한탄을 자아내는 지원서는 자신이 그렇게 일하고 싶어 했던 회사에 대한 결례이자 스스로도 남는 것 하나 없는 시간 낭비입니다. 서류를 검토하는 사람의 눈길을 끌지 못하는 아무짝에도 쓸모가 없는 지원서를 쓴 이유는 누군가 지금 이 지옥에서 나를 꺼내 주었으면 좋겠다는 무기력 말고는 없습니다. 시간을 들여서 지원 전략을 짜야 합니다.

자기 소개서는 시간을 내서 조사를 하고, 전략을 짜서 목적에 맞게 성실히 써야 하는 '자기 보고서'입니다. 정말 일할 마음이 있다면 여러분을 일하게 할 사람이 원하는 바가 무엇인지 파악하고 그것이 잘 보이도록 써야 합니다.

그러려면 지원서라는 결과물 자체가 목적이 되면 안 됩니다. 쓰는 과정을 중요하게 생각해야죠. 지원 과정은 자신이 지금 어디에 있는지 앞으로 무엇을 하려 하고 또 할 수 있는지를 파악하게 해 주는 활동입니다. 그런 과정에서 설득력 있는 자기 소개서가 나오겠지요. 물론, 일할 만한 회사인지 아닌지를 판단할 수도 있을 겁니다. 하여간 그렇게 공들여서 작성한 서류를 사람들이 시간을 들여 검토해서 평가합니다. 이제 면접장은 자신을 알고 세상을 배우는 성장의 기회가 되는 것이죠.

이제 자기 소개서를 쓰는 과정을 들여다볼까요? 구인 요강을 읽고 관심이 생겼거나 꼭 한번 일해 보고 싶었던 회사에 지원을 해야겠다고 마음먹었다면 먼저 자주 이용하는 온라인 서점으로 갑니다. 출판사 이름으로 검색을 하죠. 첫 화면을 보면서 아, 이런 책을 낸 회사로구나, 이 책은 나온 지 두 달 되었는데 판매 지수가 높구나, 이런 이벤트를 하는구나…… 하게 되겠지요? 그다음, 도서 목록을 신간 순으로 정렬합니다. 이때 할 수 있다면 마지막 페이지까지 '전수 조사'를 합니다. 오래전에 절판된 책은 검색되지 않을 수도 있습니다만 이렇게 '전체'를 보는 과정에는 여러모로 의미가 있습니다. 최근에 나온 책들부터 표지와 제목, 저작자, 판매 지수, 기획의 흐름, 주제 등을 두루 살핍니다. 처음 낸 책과 이후 1년가량의 발행 연도와 제목, 판매 지수, 저작자도 봅니다. 최근 몇 해 동안 연간 몇 종이 출판되었는지 살펴봅니다. 편집자의 수도 추정할 수 있습니다. 기획 수완도 보이겠지요. 최근 발행한 도서의 분야나 주제를 살펴봅니다. 국내 저작이 많은지, 번역서가 많은지, 번역서가 많다면 언어권이 어떤지. 주요 저자나 번역자의 이름을 살펴봅니다. 이런 분들과 일하는구나 하게 되겠지요? 입사한다면 여러분이 함께 일할 분들일 수도 있고요. 이와 같은 정보는 생각보다 상당히 정확합니다. 단행본 출판물의 유통이 거의 서점을 통해서 이루어지고 있고, 규모나 분야별 강세 등을 제외하면 온라인 및 오프라인 서점 간의 구독자 특이성이 그다지 다르지 않기 때문입니다.

발행일 범위를 최신간에서 4–5년가량 넓게 잡으면 출판사의 기획 추이까지 대략 살펴볼 수 있습니다. 제목 짓는 법, 표지 설계 방법이나 특징도 두루 살펴봅니다. 눈길을 끄는 책이라면 독자 서평도 꼼꼼히 읽습니다. 할 수 있다면 비슷한 분야의 관심 출판사를 같은 방법으로 검색하고 비교해 봅니다. 여러분이 일하려고 하는 곳이 어떤 출판사인지 상당히 많은 정보를 알게 되었을 것입니다. 출판물의 기획 방향, 일하는 편집자의 수, 만듦새에 대한 관심도(디자인을 중요하게 생각하는가? 디자인에 돈을 쓰는가?), 제목 짓는 법이나 책 소개 내용(출판사에서 작성한 보도 자료), 특정한 책의 편집 의도와 독자의 평가 또는 관심도 등에 드러나는 마케팅 능력이나 지향 등. 연간 발행 종수가 급격히 하락하거나 발행 분야나 감각이 크게 변화를 보였다면 그 브랜드에 변수가 생긴 것입니다. 별도의 사업 브랜드로 새로운 기획이 이루어졌을 수도 있고, 주간이나 편집장, 편집자 등 인적 이동이 있었을 수도 있지요. 신간은 발행 직후 석 달간의 매출이 2년간 매출의 55퍼센트, 반년간의 매출이 70퍼센트에 이른다는 온라인 서점 통계를 상기하면, 스테디셀러나 최신 발행 도서의 판매 지수는 발행 종수 등 다른 정보와 더불어 현재 회사 내부의 분위기를 보여 주는 척도가 될 수 있습니다.

그런 정보를 가지고 출판사 홈페이지로 갑니다. 홈페이지와 더불어 블로그, 페이스북, 트위터, 인스타그램 등 SNS도 모두 검색합니다. 각각 어떤 구조로 되어 있으며 어떤 정보를 어떤 방식으로 보여 주는지 크게 훑어봅니다. 자신의 지원 부문, 신간 또는 관심 있었던 책의 보도 자료를 찾아봅니다. 보도 자료? 그렇습니다. 보도 자료는 일간지, 잡지, 온라인 서점의 책 소개로 사용되는 홍보 자료죠. 보도 자료는 누가 작성하나요? 보도 자료에는 출판 의의나 개요만 있는 것이 아니라, 담당 편집자가 들어 있습니다. 책을 소개하는 글의 구조나 문투에 마음을 써 보십시오. 그가 원고를 어떻게 판단하고 편집을 진행했을까를 가늠해 볼 수도 있습니다. 담당자의 이름을 확인합니다. 자주 업데이트 되는 게시판도 살펴봅니다. 채용 공고가 있는 게시물도 찾아봅니다. 구체적인 정보가 있을수록 좋습니다.

그런 다음, 오프라인 서점으로 갑니다. 매대나 서가에서 책을 찾습니다. 분류와 위치 등을 경험하는 것이죠. 책을 만져 보고 펼쳐 봅니다. 판형, 판면의 설계도 눈여겨보고 발행일, 쇄수, 스태프 이름 등이 들어 있는 출판권 면도 살펴봅니다.

이제야 컴퓨터 모니터 앞에 앉을 준비가 되었습니다. 채용 공고를 다시 열어 보고 써야 할 내용을 정리합니다. 자기 소개서는 양괄식 또는 두괄식으로 탈고합니다. 비즈니스 문서는 작성자가 전달하고자 하는 내용을 상대가 빠르고 정확하게 파악할 수 있도록 써야 합니다. 자기 소개서는 비즈니스 문서입니다. 자신을 사적으로 소개를 하는 서류가 아닙니다. 자기 소개서는 자기 '보고서'입니다. 자질 보고서, 능력 보고서, 경력 보고서…… 주관적인 감상을 늘어놓은 편지글처럼 쓰지 않도록 하세요.

지원 전략에 맞춰 첫 단락에서 부각하고자 한 내용이 두드러져 보이도록 정리해야 합니다. 완성된 자기 소개서는 단도직입적으로 시작하는 것이 좋습니다. 첫 문장으로 인사 담당자의 마음을 끌고, 다음 내용이 궁금해지도록 매 단락을 알차게 써야 합니다. 어떤 내용이 마음을 끌까요? 회사가 알고 싶어 하는 내용이겠죠. 어린 시절 이야기, 가족 이야기, 누구나 할 수 있는 뜬구름 같은 이야기, 거대 담론 등으로 귀한 지면을 낭비하지 않도록 하세요. 바로 자신이 일할 사람이라고 쓰십시오. 어떤 경험을 했고, 그래서 지금 어떤 실력을 갖추었는지까지 쓰십시오. 진행한 도서나 프로젝트를 고유명사를 써서 구체적으로 소개하십시오. 어떤 역할을 맡았고 어떤 성과를 얻었는지 쓰십시오. 설명문보다는 묘사문이 문자를 넘어 더 많은 것을 표현할 수 있습니다. 또 '나는', '~하고 싶다', '안타깝다', '좋아한다', '~라고 생각한다'와 같은 심리 표현이 많다면 읽는 사람을 고려하지 않은 주관적이고 감상적인, 그래서 어떤 중요한 정보도 드러내지 못한 글일 공산이 큽니다. 부정적인 표현, 무기력한 표현은 어디에도 드러내선 안 됩니다. 이 같은 표현이 보인다면 다른 누군가가 여러분을 지옥에서 꺼내 주기를 바라는 건 아닌지 돌이켜 보십시오. 모든 단락이 여러분 자신의 판단력, 능력, 자질 그리고 지원하는 회사 이야기로 귀결되도록 구성합니다. 분량은 너무 짧거나 너무 길지 않아야 하겠지요. 보통은 A4 용지 두 쪽 정도면 적절한 것 같습니다. 너무 짧으면 할 이야기가 없고, 너무 길면 집중도가 떨어지니까요. 거기에 작업한 도서의 목록, 서평, 트렌드 보고서, 출판 기획안 등 추가 서류를 덧붙이는 것이 좋을지는 판단해서 결정합니다.

편집자 경력을 시작했다면 기존의 지원서를 항시 업데이트합니다. 이제 지원서는 자신의 경력과 능력을 객관적으로 보여 줄 경력 증명서가 될 것입니다. 자격증 취득 등 이력에 변동이 생길 때마다 이력서를 업데이트해 둡니다.

앞서도 살폈지만 출판사나 내부의 편집팀이 규모가 작은 곳이 많다 보니, 정기 공채가 드물어진 지 오랩니다. 또 대형 출판사에도 지원자가 예전보다 많지 않다고 합니다. 대체로 사람이 필요해질 때마다 급히 찾는 경우가 많습니다. 보통 북에디터(www.bookeditor.org)와 같은 구인 사이트에 공고를 올리지만 주변의 추천을 선호하는 경향이 있습니다. 적합한 사람을 빨리 찾는 것이 좋으니까요. 그런데 이직을 생각하고 있다가 구인한다는 소식을 접하고도 지원서를 내기가 쉽지 않은 것이 현실이더군요. 경력 3년 차쯤일 때 이직의 주요인이 '노동시간, 업무 강도 등 기타 근로조건'이었다는 데서 알 수 있듯이, 사실 이력서를 업데이트하고 지원서를 새로 쓰기에도 여건이 녹록하지 않은 것입니다.

지원서로서 포트폴리오를 상시 업데이트하는 까닭은 물론 이직 대비만이 아닙니다. '이직을 고려하지 않는다'는 재직자가 전체 응답자의 23퍼센트뿐이었다는 조사 결과로 볼 때 이직을 생각하지 않기가 쉽지 않은 상황이기는 합니다만, 이직과는 별개로, 아니 이직 여부를 염두에 둔 상태에서, 경력 관리의 차원입니다. 의식적으로 경력을 관리하자는 뜻입니다.

새해를 맞을 때마다 각오를 다지듯이 지난해의 성과를 스스로 평가하고 목표를 세워 새해를 가늠해 보는 것이죠. 구체적인 목표를 세울수록 좋습니다. 기본 항목은 자신이 직접 기획, 편집하거나 작업에 참여한 책의 목록입니다. 각각 개요와 더불어 자신이 기여한 바를 적고 스스로 자신의 작업을 평가하고 계획을 세웁니다. 물론 자신이 속한 조직의 평가와 목표를 바탕으로 하지 않으면 실속 있는 계획이 나오기는 어려울 겁니다.

# 6
## { "너무 열심히 하지 마세요" }

일하기 힘들지 않으신가요? 세상에 힘들이지 않고 되는 일이 있겠습니까마는 '일은 재미있는데 힘들다'라는 탄식이 자주 들립니다. 일이 힘들다는 말은 일 자체가 쉽지 않다는 의미이기도 하지만, 힘에 부친다는 의미이기도 하죠. 전자라면 힘듦 자체를 어느 정도는 감당해 볼 만할 터이고, 만약 후자라면 시간을 들여서 원인과 해법을 생각해 봐야 옳을 것입니다. 우리는 출판의 이익 구조에 대해서 생각할 필요가 있습니다. 이는 곧 '책 만드는 일'의 생산성에 관한 이야기입니다.

출판 행위 자체를 광의의 편집이라고 말할 수 있듯이, 편집자 역량은 출판에서 누락할 수 없는 핵심 요소, 출판의 핵심 역량입니다. 편집 없이 출판이 없고 편집자가 일하지 않고는 출판이 불가능합니다. 게다가 소규모 회사가 대종을 이룬 업계 현실에서는 회사의 자금력, 조직력 등의 물적 토대가 충분하지 않기 때문에 거의 필연적으로 편집자 개인의 역량에 많은 것을 의존합니다. 이는 역설적으로 단행본 출판이라는 프로젝트의 연출자이자 리더라는 편집자의 속성을 드러내 준다고 하겠습니다. 또한 출판계가 지닌 문제를 해결하려면 바로 이 점을 주시해야 한다는 뜻입니다.

물론 책임 편집자가 결정권을 행사하며 공정 전체를 아우름으로써 원고 상태부터 책의 상을 일관되게 유지할 수 있고, 최소한의 단계를 거쳐 완성도 높은 단행본을 상대적으로 빠르게 생산할 수 있다는 장점도 생각해야 합니다. 그만큼 기동성도 확보됩니다. 신간이 매출에서 차지하는 비중을 생각한다면 이는 거의 놓을 수 없는 장점입니다. 규모가 큰 출판사라도 편집팀 자체를 대규모로 운영하기는 어렵지요. 큰 회사라도 하나의 편집팀은 네댓 명 이내로 운영됩니다. 사람이 더 많아지면 새로운 팀을 구성하지요. 책임 편집자 한 사람이 개별 공정을 총괄할 터이므로 위계적이거나 규모가 큰 조직은 기동성이 떨어지는 등 오히려 취약한 부분이 생기기 때문이겠지요. 완성된 원고로 단행본 한 종을 생산하는 프로젝트에 참여하는 사람들을 하나의 팀이라고 한다면 편집자 한 사람이 이미 하나의 팀을 운영한다고도 할 수 있겠습니다. 그러나 네댓 명 이내의 '팀'이 하나의 회사인 소규모 출판사가 많다는 현실을 살펴야 합니다. 1인 출판사가 절반을 차지하고 있고 종사자 수가 열 명 미만인 출판사가 90퍼센트에 육박하는 것이 현실입니다.

소규모 출판사가 매출도 적고 가용할 자원이 제한적이면 종사자들이 장기간 안정적으로 근무하기가 쉽지 않겠지요. 사회적 안전판이 없는 상황에서 회사가 규모가 작다면 기동성은 좋을지언정 독자 분석 등 의미 있는 데이터를 축적하거나 외적 변수에 능동적으로 대응하기는 어려울 것입니다. 또한 종사자 입장에서는 상사나 고용주와의 인간적인 관계가 상대적으로 더 중요해지겠죠. 업무적으로도 유연한 인간관계가 전제되어야 합니다. 이는 동료나 상사, 고용주와 갈등 상황에 처했을 때 완충할 여건이 아쉬울 수도 있다는 뜻입니다. 합리적인 처신만으로는 문제를 해결하기 어렵기 때문이지요. 당사자는 이직으로 상황을 타개하고자 할 테고, 출판사에 편집 활동의 기반이 될 편집력이 응집, 누적되기도 그만큼 어려워질 것입니다.

물적 토대를 충분히 갖추지 못한 상황이라면 편집자가 적은 인프라를 활용해서 자신의 역량을 전방위로 발휘하기도 어려울뿐더러 무엇보다 일을 놓을 수가 없으니 적절한 휴식을 취하기도 어렵습니다. 업무로 인한 피로가 누적되는 것은 당연한 결과입니다. 책을 만드는 일은 원고와 저자, 북 디자인, 제작처 등 최소한의 여건만으로도 가능하지만 책임 편집자 한 사람이 작업 과정 중 모든 변수와 리스크를 관리하기는 버거운 일임에 틀림없습니다. 게다가 시장에서의 성과까지 담보되어야 하는 것이 현실이지요. 책이 무엇인가에 대한 답으로는 여러 가지를 들 수 있겠지만 책 만드는 일을 업으로 삼아 돈을 벌어 먹고사는 이라면 누구든 책이 '팔리는 것이 되어야 한다'는 정의에 반기를 들기 어려울 겁니다. 단행본 초판의 발행 부수가 2천 부에 미치지 못하게 된 지 오래입니다. 회사는 이런 고민을 해야 합니다. '우리는 팔릴 책을 만들고자 하는가? 누가 책을 읽는가? 우리는 어떤 책을 어떻게 만들어야 하는가?' 책 만드는 사람인 편집자는 '나는 팔릴 책을 만들고자 하는가? 누가 책을 읽는가? 나는 어떤 책을 어떻게 만들어야 하는가?' 하는 고민을 해야 하겠지요.

팔리는 책이 없는 데다 새로 내는 책마저 일정한 성과를 내지 못한다면 회사 매출은 줄어들 것입니다. 아시다시피 대부분의 출판사에서 신간이 매출에서 차지하는 비중은 거의 절대적입니다. 구간 보유량이 상대적으로 많은 대형 물류 회사 문화유통북스의 통계 보고서에 따르면, 신간은 발행 후 3년이 지나면 대부분 수요가 쇠퇴하고 상품으로서 의미를 상실합니다. 책의 수명은 3년! 발행 후 서너 달 동안의 판매량이 총 출고 부수의 30–40퍼센트, 1년 이내에 50퍼센트 이상이라고 합니다. 전체 발행 부수는 평균 5천 부 미만. 앞서 언급했듯이 온라인 서점의 경우에는 수치가 더 가팔라서 발행 후 석 달간 55퍼센트, 반년간 판매

량이 70퍼센트를 차지한다고 봅니다. 수치의 차가 어떻든 출판사가 매출을 내기 위해 어떤 선택을 하게 될지는 뻔합니다. 신간을 계속 많이 내는 겁니다. 신간이 있어야 매출이 생기고 수금도 수월해지니까요.

신간이 지속적으로 나오지 않거나 초도 물량이 일정 부수 이상 팔리지 않거나 구간 스테디셀러가 없으면 매출이 떨어지겠지요. 그로 인해 긴축재정 상태가 되면 저작자나 디자이너 등에게 적정한 대우(인세나 작업비, 시간, 작업 유연성, 기타)를 하기도 어려워지고, 전문 인력을 쓰기 어려운 제한된 여건에서 회사는 개개 편집자에게 더 많은 것을 요구하게 됩니다. 적은 연봉, 최소한의 연차 휴가, 야근 등을 감당하면서 저자 발굴, 새로운 기획, 저렴한 단가로 일해 줄 번역자나 디자이너 찾기, 편집 일정의 단축, 영향력 있는 홍보 활동 등을 해내기를 기대하는 것이죠. 그의 일을 뒷받침할 인프라가 마련되지 않은 상황이라면 더욱 그럴 것입니다.

편집자의 일을 단순하게 여겨 글은 저자가 쓰는 것이고, 번역은 번역자가 하는 것이고, 북 디자인보다는 '조판' 정도만 있으면 되고, 제작은 제작처에서 하는 것이니 편집은 그저 원고를 잘 읽고 오류가 있나 없나를 확인만 하면 된다고 보는 경우도 인정하고 싶지 않지만 없지 않습니다. 편집자 자신도, 이 일은 디자이너의 책임이고, 이 일은 번역자의 책임이고, 이 일은 내가 할 일이 아니고 등등 책임 편집의 권한을 협력자에게 이임하는 경우도 없지 않습니다.

책만 놓고 생각해 봐도 편집자가 진득하게 한 권 한 권에 최선을 다하지 못한 채 책이 만들어진다면 결코 만족스러운 결과를 얻기 어려울 것입니다. 또 편집자가 최선을 다할 수 없는 여건이라면 협력자에 대한 처우도 미루어 짐작할 수 있겠지요. 일에 쫓겨 스스로 만족스럽게 일하기 어렵기는 보지 않아도 알 수 있는 상황입니다. 편집자가 편집 방향을 결정하거나 교정의 수위를 판단하거나 광고 문안을 결정하거나 일정 규모의 예산을 집행하거나 변수에 능동적으로 대처할 권한도 여력도 지니고 있지 않다면 그 책은 편집이 없는 책이 되기 마련입니다. 해야 할 일을 할 수 없었던, 하지 못했던 편집자 스스로도 마모되지 않을 수 없을 것입니다.

편집자로 '자기 것'을 하게 될 때까지는 시간이 필요합니다. 매끄럽게 한 종을 책임 편집하는 것은 일찍부터 가능할 수도 있습니다. 신입 편집자도 빠르면 몇 달 안에 혼자서 편집 공정을 진행할 수도 있습니다. 원고를 읽고 판단하는 일은 가능하니까 말이죠. 하지만 책 한 권을 스스로 작업할 수 있게 되었다고 좋아할 일은 아닙니다. 누군가 판면을 정해서 만들어 준 교정쇄를 받고, 저자와 나눠야 할 이야기가 무엇인지 조언을 받고, 사진의 저작권료 확인도 누군가에게 묻고, 북 디자인의 방향이나 책 제목도 상사에게 확인받고, 그렇게 묻고 지적당하며 배워야 한다는 말입니다. '보조 편집자'로 사는 시간을 누리십시오. 자기 '궤도'에 올라서기 전까지는 말입니다.

자신의 관점과 안목으로 책임지고 감당할 만한 일인지를 판단할 수 있으려면 시간이 필요합니다. 무슨 일을 하고 있는지 어디로 나아가고 있는지 알 수 없는데 일에 코를 박고 있는 건 결코 좋은 모습이 아닙니다. 만들어 내는 권 수를 늘리기 이전에 자신이 무슨 일을 하고 있는지, 해야 할 일을 하고 있는지, 믿고 나아가도 되는 길을 가고 있는지, 스스로 만족스러운지, 힘들다면 무엇이 힘든지를 생각할 여유는 스스로 만들어야 합니다. 스스로 판을 짜고, 협력자들을 설득할 수 있을 만큼 의미 있는 결과를 내다보고 자금을 동원하고, 사람을 모으고, 여러 변수에 대응할 만한 '편집력'은 하루아침에 얻어지는 것이 아니기 때문이지요.

어떤 상황에서도 책임지려 하고 최선을 다해 일하려 하는 사람은 편집자입니다. 하지만 일의 결과가 온전히 편집자의 몫은 아니지요. 최선을 다해 일했더라도 말입니다. 그러니 부실한 결과에 대한 책임도 편집자의 것만이 아님에도 그는 좌절합니다. '나는 이 일을 할 수 없는 사람인가?' 회의적인 물음에 사로잡히고 맙니다. 자존감도 무너지고 그런 마음을 일으킬 여력도 없는 상황에 내몰립니다. 지금은 떠나고 없는, 그 많았던 편집자가 이런 상황을 모르지 않았을 것입니다.

　그래서 이제 막 일을 시작한 분들, 아직 자신의 역량을 객관적으로 확인받지 못한 신진 편집자들에게는 이렇게 조언을 하고 싶습니다. "너무 열심히 하지 마세요." 좋은 결과를 얻는 것, 열심히 하는 것, 잘하는 것보다 먼저 해야 할 일은 자신이 지금 하는 일이 무엇인지 아는 것입니다. 지금 어디쯤에 위치해 있고 어떤 방향을 향해 있는지 알아야 합니다. 어느 순간에는 자신만의 궤도를 찾아 올라서야 합니다. 주어진 일에 무작정 몰두하는 것은 좋은 태도가 아닙니다. 아직은 내가 하는 일을 책임져야 할 사람이 따로 있고, 그가 책임져야 할 몫의 일부를 내가 책임지고 있으니 그 사람의 의도를 파악하는 일이 내가 생각한 대로 일을 끌고 가는 것보다 중요합니다. 권한이 분명하지 않은 상황에서 책임을 자처하는 것은 좋은 선택이 아닙니다.

# 7
## { 편집자는 혼자 일하지 않는다 }

같은 원고라도 편집자가 다르면 다른 책이 만들어집니다. 그만큼 책을 만드는 공정에서 편집자의 역할이 절대적이지요. 원고를 어떻게 읽고 어떻게 판단하여 어떻게 공정을 완수하느냐가 책에 남다른 특성을 부여합니다. 의도된 편집 없이는 책도 없다고 말할 수 있겠지요. 원고를 편집하는 공정에서 책에 '의도'를 부여하는 일이 편집자의 역량에 의존합니다. 이러한 역량은 편집자 자신의 자질에 바탕을 두고 일정한 기간 훈련을 거쳐야 만들어집니다. 역량이 준비될 기간이 필요하다는 말이지요. 해야 할 일을, 가야 할 방향을 알고 일한다는 것도 말이 그렇지 누구나 처음부터 쉬이 취할 수 있는 태도는 아닙니다. 그런 감각은 누가 일러 준다고 당장 몸에 배지 않으며 업무를 할 때마다 매번 스스로 의식적으로 생각을 확장하고 경험을 축적

해야 얻어질 테니까요. 그러니 그렇게 할 시간을 확보해야 합니다.

편집은 자동화할 수 없는 매우 인간적인 일입니다. 저자에게서 온 원고가 독자를 만나기 전, 편집이라는 관문을 통과해야 합니다. 이때 책에는 편집자의 '지문'이 남겨지겠죠. 편집자에게 책임 편집자라는 이름을 부여하여 너무 많은 책임을 부과한 것 아니냐는 비판도 있을 수 있습니다만, 책임 편집의 공정은 오로지 책임 편집자만이 적극적으로 개입하고 통제할 수 있는 과정이므로 다른 사람에게 책임을 넘기기도 어렵습니다. 하지만 과정 전반을 장악하기에 미숙한 상태에서, 혹은 권한을 갖지 못한 상태에서 책임 편집을 해야 한다면 업무 과정을 상사와 투명하게 공유하고 결정권을 양보할 수 있어야 합니다. 그래야 '권한 없는 책임'을 면할 수 있고, 선배의 경험을 자기 경험으로 가져오기도 유리하죠. 어차피 일을 시작하는 처지에서는 누군가 차려 둔 밥상 위에 숟가락을 얹는 방식으로 업에 등장할 수밖에 없지요. 이렇게 따지면 남이 깔아 둔 판에서 처음부터 자기 재주를 내세워 일하려 하는 건 지나친 욕심일 뿐입니다. 아직은 아무도 여러분을 믿지 못합니다. 편집을 업으로 삼아 자신만의 길을 내려는 사람이라면, '3–4년은 보조 편집자로 일하자. 5년쯤 되면 궤도를 정하고, 10년 차에는 누구도 할 수 없는 내 영역의 전문가가 되겠다'는 장기적인 목표를 갖는 편이 현명합니다.

사실, 편집자인 여러분의 이상을 완수하게 하는 것은 회사가 아닙니다. 여러분 자신입니다. 여러분 자신이 시스템입니다. 필수적인 최소한의 시스템. 여러분은 다른 사람들을 일하게 하는 사람입니다. 여러분은 판을 까는 사람입니다. 여러분이 일을 만들고, 자원을 끌어당기고, 사람들을 움직이게 만듭니다. 적어도 경력을 시작하고 5년은 지나서요. 이렇게 일할 수 있게 되었다면 그간 잘해 온 거죠. 다른 사람들을, 일의 결과를 책임질 만한 능력이나 배포를 갖추었을 테니까요. 장기 근속자가 많고 규모 있는, 인프라가 좋은, 미래 전략이 있는 안정된 회사에서 계속 일할 수 있는 분이라면 다행입니다. 90퍼센트가 아홉 명 미만의 소규모 회사이고, 근속 연수가 짧고, 이직이 잦고, 실무 정년이 40대라는 출판계의 보편적 현실을 비껴갈 수 없다면 현실에 적합한 전략을 생각해야 합니다.

여러분은 편집자의 일이 '내 생의 일', '내 업'이라고 생각하는 분인가요? 다음과 같이 현실적이고 올바른 조언을 하고자 합니다. 적어도 여러분 경력이 궤도에 오를 때까지는 회사를 믿지 마십시오(회사도 아직 여러분을 믿지 않습니다). 여러분 자신을 단련하십시오. 여러분을 일하게 하는 회사에서 일하십시오. 일을 믿으십시오. 일하는 사람을 믿으십시오.

네, 사람을 믿으십시오. 사람을 아껴야 합니다. 어떤 조건에서든 편집자가 개인들을 연결해서 출판 프로젝트를 기획하고 수행하고 완성해야 하는 사람인 한, 주변의 협력자들은 모두가 편집자의 자산입니다. 출판은 사람 사업입니다. 사업의 원천인 원고를 저작자에게서 가져올 수밖에 없기 때문에 그렇고, 특정한 독자를 만족시켜야 한다는 이유에서 그렇습니다. 책을 만드는 공정에서도 사람이 움직여야 일이 됩니다. 출판은 일하는 모든 이의 역량이 집중되어야 결과물을 낼 수 있습니다. 편집자 혼자서 다 할 수 없습니다. 일하는 과정에서 전문가들의 도움이 필수적입니다. 한번 맺은 인연은 쉽게 놓아서는 안 됩니다.

편집자가 회사에 속한 사람일지라도 협력자들은 곧 편집자의 사람이지요. 편집자와 일하니까요. 저자와 번역가, 디자이너, 제작자 등 편집 업무에 직접 연관된 사람들은 물론이고 완성한 책을 홍보할 때 만나는 사람도, 세상을 새롭게 바라보고 새로운 출판물을 기획하기 위해 만나는 사람도 그렇습니다. 분야를 불문하고 폭넓은 인간관계가 요긴합니다. 회사원 생활을 청산하고 자기 브랜드를 만들어 독립한 편집자들에게는 자기 사람이 있더군요. 도서 목록에 신간을 쌓아 가면서 그 수가 적든 많든 이제 자신과 말이 통하고 삶의 태도가 비슷한 사람들이 함께하게 된 것이지요. 상생하는 관계로서요. 저자나 번역자이기도 하고, 북 디자이너이기도 하고, 제작자이기도 하고, 핵심 독자이기도 하겠지요. 편집의 성과가 편집자 혼자만의 것이 아니므로 프로젝트가 성공적이면 그만큼 보람도 크고 파장도 멀리 갑니다. 사람 사이의 일이라 좋은 관계가 형성되면 프로젝트 하나만으로 멈추지 않고 서로에게 시너지를 형성하며 오래가는 사이가 됩니다.

대개는 함께한 일의 성과가 나쁘지 않았기 때문이겠지만, 적어도 어느 일방이 다른 일방을 자기 과업의 수단으로 야박하게 혹은 부당하게 대우했더라면 그처럼 지속되는 관계를 유지할 수 없었을 것입니다. 출판 편집이라는 업을 10년쯤, 20년쯤 해 오고서 여전히 만족스럽게 일하고 있다고 말하는 분이라면 책을 만들고 파는 일 자체에서 보람을 느끼는 분일 것입니다. 그 일은 '자동화'할 수 없으므로 숙련된 사람이라도 매번 모든 공정을 일일이 해내야 하고, 경력자라고 시장이 무턱대고 우대하지 않으니 항상 시장을 공략할 뾰족한 무엇을 기획해야 하기 때문에 '자신이 없으면 안 되는' 독보적인 존재로서 자부심이 있는 분일 것입니다. 무엇보다 그분들은 '사람'을 잘 아는 것 같습니다. 출판이 인간적인 까닭을 우리는 우선 책의 내용과 형식에서 찾고 있습니다만, 사실 공정 자체의 이와 같은 성격에서 기인한 바도 크지 않을까요?

한편 주변 전문가들의 조력이 필수적이라서 편집자는 자주 사람 덕분에 살고, 또 자주 사람 때문에 괴롭지요. 누군가가 맡긴 일을 하는 것이 아니라 누군가에게 일을 맡겨야 하는 사람이라서, 일관성을 지키며 일을 여러 사람에게 나누고 맡겨서 프로젝트 한 종을 품격 있게 완수해야 하는 사람이라서 사람들에게서 도망칠 수가 없습니다. 일을 주도해 가는 입장이므로 일의 시작과 끝을 관철하여 최선의 성과를 얻기 위해 어느 때는 이해 당사자들 사이를 중재해야 하기도 하고, 어느 때는 상대방 잘못도 보전해 줘야 하고, 어느 때는 기한 없이 기다려야 하기도 하고, 배려와 이해는 물론 응원도 해야 합니다. 프로젝트를 책임지고 주도해 가는 입장에서는 어느 누구와도 불편한 상황에 놓이는 것을 바라지 않을 것입니다. 그래서 편집자들에게는 미리 상대를 배려하려는 미덕이 배어 있는 것 같습니다. 자신이 붙들어야 할 사람일수록 붙들려고 다가가는 것보다 상대가 다가오기 편한 사람으로 어필하는 게 더 효과적인 법이기도 하지요.

한편, 편집자는 일이 되어 가도록 하는 사람이다 보니, 어쩔 수 없이 업무 자체만이 아니라 일하는 사람의 감정 상태까지 관리하게 됩니다. 적어도 일이 다 될 때까지는 말입니다. 그러니 협력자들의 결합력이 낮으면 자칫 감정 노동이 되기도 합니다. 예를 들어 전달하고자 하는 메시지가 있으면 그 내용이 정확하게 상대에게 전달되는 것만큼이나 메시지의 전달 방식이 중요해지지요. 말이란 게 문자로 전달될 때는 상대를 마주했을 때와는 달리 미묘한 심경 따위를 전하기가 매우 어려우니 말이지요. 그래서 상대가 과하게 느낄 정도로 마음을 쓰기도 합니다.

한번 맺은 인연을 쉽게 놓아서는 안 된다는 말은 모든

사람을 적극적으로 대해야 한다는 말은 아닙니다. 모든 사람을 다 관리할 수도 없을뿐더러 모두에게 좋은 사람이 될 수는 없지요. 모두와 잘 지내려 하다 보면 오히려 자신이 어려운 상황에 처하게 될 수도 있습니다. 협력자들과는 업무적으로 적절한 거리를 유지하는 일이 중요합니다. 권한이 없는 상황에서 상대방에게 좋은 사람이 되기란 사실상 불가능합니다. 그럴 권한도 없으면서 상대방의 사정을 봐준다는 건 '오만'입니다. 무능력하거나 무례한 사람 등 다시 일하지 않을 사람에게 공을 들일 이유도 없겠고요. 어디까지나 편집자 자신의 관심사나 업무와의 관련성이 높은 경우에서만은 인연을 소중히 해야 한다는 말씀입니다. 편집자는 우선적으로 '좋은 사람'이기보다 '능력 있는 사람'이 되어야 합니다. 상대에게 좋은 사람이 되려고 하지 맙시다. 좋은 관계는 일이 잘되면 자연스럽게 유지됩니다.

협력자들의 목표를 무시하고 상사의 지시에 순종하거나 자기 길만 내려 하는 편집자도 없지 않습니다. 자신이 통제하기 어려운 상황이 되었을 때 자칫 발주자의 위력을 앞세워 상대방을 몰아세우기도 합니다. 그런 경우 자기 책임을 인정하지 못하고 협력자들에게 책임을 전가하려 합니다. 자신의 상사나 결정권자를 설득하지 못하면 선택지가 줄어들 수밖에 없습니다. 책임을 전가하는 대상은 대개 자신이 통제하기 쉬운 사람, 상대적으로 약자인 쪽이지요. 예기치 못한 사태가 생겼다면 누구의 책임인가는 밝혀야 하겠지만 그것은 사후에 할 일이고, 우선 협력자들을 설득해서 작업을 '완성'해야 합니다. 그러려면 자신이 총괄하는 팀의 후배 직원이나 자신의 저자, 번역자, 디자이너, 외주자를 일하게 해 주는 사람이 되어야지요. 자신이 과정을 책임진다고 생각한다면, 기왕 일이 시작되었으니 차후에 문제의 원인이나 책임 소재를 규명할지언정 저자 '탓', 디자이너 '탓', 외주자 '탓'을 하며 일하지는 않을 겁니다. 자신이 과정을 책임진다는 인식이 있어야 사태를 통제할 방법도 고안할 수 있겠지요. 인간관계에서 신뢰를 얻는 사람이 될 필요가 있습니다.

편집자가 걸맞은 권한을 갖지 못하고 수동적으로 일을 한다면 함께 일하는 사람들에게도 부정적인 영향이 있습니다. 책임 편집자이면서 그에 걸맞은 권한이 없다면 과정 전반을 꾸려 가기 어렵습니다. 결정이 번복되는 상황, 변수를 일관성 있게 원칙적으로 해결하기 어려울 테니까요. 하지만 책임 편집자라도 공정을 관할할 권한이 처음부터 합리적인 수준으로 주어지지는 않습니다. 편집자 스스로 자신이 맡은 업무에서 자신의 책임과 역할을 인식하고 결정할 권한의 범위(편집 방향, 비용 등)를 인지하고 공정 전체를 책임지려고 하고 또 권한을 가져오려고 해야 합니다. 필요할 때, 결정권자를 설득하고 중심에서 물러서지 않아야죠. 편집자가 스스로 자신의 권한을 부여받거나 행사하려 하지 않는다며 누군가 나서서 굳이 그런 권한을 갖게 하려 하지 않을 수도 있습니다. 전문 편집자, 혹은 자기 분야가 분명한 기획을 할 수 있는 편집자로 성장하려면 경력이 더해 갈수록 책임지는 일이 많아지는 쪽으로 진화해야 합니다. 물론 동시에 그에 합당한 권한도 보장받아야 하겠지요.

편집자가 일해야 좋은 책이 만들어집니다. 사람이 일해야 좋은 책이 만들어집니다. 그러므로 일하는 사람이 일에서 주도권을 지녀야 한다고 생각합니다. 현재 출판계 문제는 곧 편집의 문제입니다. 수십 년 동안 해결하지 못한 높은 이직률이 직업의 안정성을 훼손하였고, 출판사가 경력 편집자들을 수용하지 못하는 상황에서 전문 인력층이 얇아지고 있습니다. 출판사는 편집력을 존속할 토대의 역할을 전적으로 수행하기 어렵게 되었음을 인정해야 할지도 모릅니다. 물론 편집은 출판사라는 조직이 있어야 실현되는 행위입니다. 전문 편집자가 대표하는 소규모 출판사가 의미 있는 기획을 수행할 수 있음을 간과해서도 안 됩니다. 편집의 질은 자본이 아닌, 편집자가 얼마나 독립적으로 주체적으로 일했는가가 담보합니다.

출판사 내에서 출판업 내에서 편집의 위상을 높여야 합니다. 높은 이직률을 낮출 방법을 모색하기에는 역부족입니다. 이는 종사자나 고용주나 현실로 인정해야 합니다. 이런 이해를 바탕으로 편집자는 스스로 자신의 10년 경력을 관리하는 방향으로 나아가야 합니다. 단권, 단발성의 프로젝트를 진행하면서도 일하는 회사의 전체 목록 안에서 또는 전문 편집자로서 소속사와 상관없이 자기 목록을 관리하면서 종합적인 흐름을 갖고 일정한 부문의 목록(또는 주제, 분야)을 총괄하는 방향을 견지해야 합니다. 출판사의 역할보다도 '편집의 역할'에 관해 말해야 합니다. 편집자의 목소리가 들려야 합니다.

# 8
## { 관계 사이에 해자를 두자 }

편집자가 지녀야 할 소양 가운데 하나가 감정을 관리하는 능력입니다. 책이 만들어지는 공정을 통해서 복잡하게 얽힌 사안들을 다루며 그만큼 감정을 자극받는 일이 많기 때문입니다. 또한 공정을 '책임'져야 하는 사람으로서 안 될 일도 되게 만들어야 하므로 상대방을 먼저 배려하여 감정 노동을 해야 할 일도 그만큼 많기 때문입니다. 저작자나 협력자를 존중하고, 경청하고, 배려하는 일이야말로 편집자의 미덕이지요. 저자에게 용건이 담긴 메일을 한 줄을 보내면서도 기나긴 안부 인사와 더불어 상대의 심사를 조금이라도 불편하게 하지 않도록 하기 위해 문장 종결부의 상대 높임 표현을 몇 번이나 바꾸어야 했던가 말입니다. 누구라도 타인의 비판을 감정 상하지 않고 달게 받아들이기는 쉽지 않을 터이니까요. 비판이 적절했다면 잘못된 부분을 고치면 되고, 비판이 부적절했다면 더욱 노력하면 될 일이라고 현자들이 이미 오래전부터 말해 왔다고 하지만, 충분히 생각할 여지가 있는 반대 의견을 듣는 것은 물론이고, 무시당하거나 지적당하는 일은 아무리 겪어도 익숙해지지가 않는다는 사실을 잘 알고 있기 때문이겠죠.

하지만 늘 좋은 사람으로 일해야 한다면 어떤가요? 존중과 배려라는 미덕이 그야말로 감정 노동이 되어, 예를 들어 공공장소에서 다음 사람을 위해 문의 손잡이를 잡고 있었더니 몸만 쏙 들이밀고 멀어지는 얌체를 만났을 때처럼 불쑥 화가 솟아나곤 한다면 일방적으로 감정을 쏟는 일은 이제 제 살을 깎는 일에 다름 아니겠지요.

시장을 내다보고 적절한 출판물을 기획하고 저자를 관리하고 원고를 정확하게 판단하고 핵심 독자층을 정확하게 소구해서 시장에서 의미 있는 매출 성과를 얻는 것만이 편집자의 업무가 아닙니다. 편집자의 출판 프로젝트는 한 번에 끝나지 않습니다. 편집자는 매번 새롭게 구성되는 프로젝트에서 구심을 이루어 모든 협력자의 노력을 결과물로 수렴해야 합니다. 즉, 여러 협력자와의 의사소통이 중요합니다. 이때는 특히 태도의 측면이 중요합니다. 누군가를 미워하거나 시기하면서 일을 할 수는 없지요. 이런 면에서 어느 정도 연차가 있는 편집자라면 상대를 배려하고 존중하는 모습이 몸에 배게 됩니다. 그런데 자신이 중요하게 대해야 할 사람과 그러지 않아도 되는 사람을 대하는 자세가 다른 경우도 있더군요. 저자에게는 더할 수 없이 깍듯한 사람이 자신의 부하 직원을 대할 때는 모든 스트레스를 다 풀 것처럼 무례하게 대한다면 놀랄 일이지요. 그가 원래부터 그런 사람은 아닐 겁니다. 엄청난 감정 노동을 하고 있었겠지요. 하지만 상황이 어떻든 그가 업무상 감정 관리에 실패한 건 사실입니다.

사람이 살면서 기쁨, 행복감, 사랑, 분노, 동정심, 즐거움, 슬픔 등의 감정을 느끼지 못한다면 불행한 일입니다. 감정은 본능이고 소중합니다. 그런데 때와 장소를 가리지 못하고 자신의 감정을 표현해서는 안 되지요. 그런 사람을 우리는 미성숙한 사람이라고 봅니다. 이런 미성숙의 사례를 주변에서 쉽게 발견합니다. 페이스북 같은 소셜 미디어나 온라인 신문 기사의 댓글 같은 데서 자신과 다른 견해를 대하는 사람들의 태도에서도 그렇고, 식당이나 카페, 마트 같은 곳에서 종업원을 대하는 사람들에게서도 그렇고, 부하 직원을 탓하는 권위적인 상사에게서도 자주 봅니다. 익명성의 뒤에 숨어 있을 때나 상대가 자신보다 약하다고 생각될 때 말이지요.

일을 수월하게 하기 위해서 좋은 감정을 전제해 두는 경우는 어떤가요? 그런 경우를 우리는 감정 노동이라고 합니다. 감정 노동은 대개 당사자에게 심한 스트레스를 줍니다. 왜냐하면 감정은 주관적인 것인데, 그것을 억누르고 업무상 정해진 감정만 표현해서 상대방을 편안하게 하거나 설득해야 하는 데다 대개는 상대방의 부정적인 감정에서 자유롭지 않으니까 말입니다. 상대가 호감을 보이거나 우호적인 태도를 보이면 그러지 않은 경우보다 일이 쉬워지는 것은 사실입니다. 예를 들어 여러분이 상사나 선배라면, 자기 생각을 제대로 파악하고 먼저 나서서 챙기는 사람, 남들이 보기에 '아부하는 사람'이 좋을까요, 싫을까요? 웃는 얼굴에 침 못 뱉는다는 속담처럼 자기한테 잘하는 사람을 밀어내는 건 인지상정이 아니지요.

1인 출판이 가능한 까닭이 책 한 종을 중심으로 놓고 한 사람의 책임 편집자가 여러 협력자들 사이에서 일하는 데 있는 만큼 책임 편집자는 편집 공정이 진행되는 동안 만나는 여러 사람과 다양한 관계를 맺게 됩니다. 물론 이러한 만남은 대개 이메일이라든지 교정지라든지 간단한 통화 등으로 가능하지만 협력자들이 늘 '협력적'이지는 않겠지요. 공정을 책임지고 수행하는 책임 편집자로서는 상대가 불편함이나 어려움을 느끼지 않도록 앞서 조처하려고 하게 됩니다. 특히나 번거로운 일을 수습할 권한이 자신에게 없을 때는 하는 일에서 문제가 발생하지 않도록 조심하는 편이 '상책'입니다. 현실을 알면, 원고의 저작자는 설득 대상이고, 손이 가는 일을 미리 처리해서 디자이너의 일을 줄임으로써 상대가 본연의 작업에 집중할 수 있도록 해야 디자이너와 작업을 더 원활히 할 수 있다는 점도 알게 되지요.

하지만 모든 일을 평화롭게 해결할 수 없다는 사실도 기억해야 합니다. 또한 과도한 배려는 상대를 오히려 불편하게 할 수도 있고, 사태를 정확하게 전달하는 일을 어렵게 하기도 합니다. 사회 초년생 시절에는 자신의 일처리에 대해서 상사의 지적을 받거나 의견을 무시당할 때가 종종 있습니다만, 틀린 점이나 부족한 부분을 지적받지 않는다면 더 이상한 일이고, 정곡을 벗어난 의견에 모두 응대하기도 어려울 겁니다. 모두와 친밀하게 지내려 하기보다 상대방의 신뢰를 얻는 일이 더 중요합니다. 일을 일로써 해야지, '좋은 게 좋다'는 식으로 친밀도나 의존성이 개입해서는 기본이나 원칙을 흩트리기 쉽고 일을 그르칠 수도 있을 뿐만 아니라 심리적인 부담감을 자초할 수 있습니다.

좋은 인간관계를 유지하는 것보다 일이 더 중요합니다. 일이 잘되면 관계도 잘되게 마련입니다. 상대를 돌봐 주고 감싸 주고 편하게 해 주는 것이 아니라 자신이 감당할 일인가 아닌가가 핵심인 거죠. 업무를 장악하고 해야 할 일을 하는 것이 먼저입니다. 인간관계가 다양할수록 그 관계들 사이에서 중심을 잡아야 합니다. 편집자 중심으로 본다면 편집자의 영역을 하나의 성으로 보고, 그 주변을 적당한 깊이의 해자垓字를 두름으로써 업무 주체로서 스스로 이격離隔을 확보하는 것이 바람직합니다. 누구든 영역을 쉽게 침범할 수 없을 뿐만 아니라 편집자 자신도 자신의 영역을 벗어나기 번거로울 정도의 거리를요. 상호 존중을 위한 거리. 저자는 저자의 일을, 역자는 역자의 일을, 편집자는 편집자의 일을, 디자이너는 디자이너의 일을, 상사는 상사의 일을…… 하게 하는 거리.

출판은 사람이 자산입니다. 누구보다 편집자에게 그렇습니다. 함께 일하는 사람이면 누구든 존중하고, 또 스스로 어느 누구에게서도 쉬 다치지 않기, 그러면서 자기 사람을 지키기, 오래 일할 편집자의 미덕이라 할 만합니다.

# 9
## { 제작은 어떤 일인가 }

책임 편집자는 출판의 최소 단위인 책 한 권의 편집 공정 책임자입니다. 저자, 원고, 판면에 대한 관심만큼이나 이 책이 실제로 어떤 독자를 만나게 될지, 얼마나 많은 사람에게 이 책을 팔 수 있을지에 관심을 두어야 합니다. 아무리 의의 있는 책이라도 사는 사람이 없고 적정한 수준의 돈을 벌어들이지 못한다면 회사가 유지되기는 쉽지 않겠지요. 철학사를 바꾼 위대한 프리드리히 니체도 걸작『차라투스트라는 이렇게 말했다』를 출판해서 겨우 70여 부밖에 팔지 못했다고 합니다만, 만약 위대한 편집자인 여러분 눈앞에 그런 원고가 나타났다 하더라도 출판 여부 결정은 '윗분'이 합니다. 대체로 편집자들도 일정 기간 동안 몇 부나 팔렸는가에는 관심을 갖습니다. 하지만 책을 만드는 데 어떤 비용이 얼마나 드는지, 그래서 판매 부수가 몇 부쯤 되어야 손익분기점을 이루는지, 순익은 얼마나 발생하는지에 관해서는 알기는커녕 관심도 없기 십상입니다.

여러 이유가 있겠지요. 회사에서 직원들에게 수치 데이터를 공개하지 않으려 하는 경우도 많을 것이고, 편집부에 고유의 권한을 행사할 만큼 인정받는 편집자가 없기 때문일 수도 있으며, 아직 여러분이 원고 진행만으로도 쩔쩔매는 중이기 때문일 수도 있습니다. 경력이 있는데도 스스로 책과 관련된 숫자를 보지 않으려 했다면 혹시 어떤 책임에서 벗어나고자 한 것은 아닌지 생각해 봐야 합니다. 책 한 권을 꾸리고, 특정한 목록을 관할하고, 팀장이 되고 하는 동안 당연히 더 많은 정보를 갖게 되고 권한도 확장되어야 하지 않겠습니까? 그러지 않고 책임만 커진다면 일이 갈수록 힘들게 느껴지는 게 당연합니다. 그렇습니다. 자기 권한 내에 있는 '숫자'에 민감해져야 합니다.

책 한 권의 편집 공정과 관련해서 책임 편집자가 알아야 할 숫자는 무엇일까요? 도서 번호ISBN요? 도서 번호는 목록 관리에 관한 것이니 논외로 합니다. 바로 진행 중인 책의 모든 비용과 기간 내의 수익입니다. 구체적으로 덧붙이자면 책값과 발행 부수를 통해 이런 숫자에 접근할 수 있습니다. 물론 책값이나 발행 부수는 최종적으로 영업 담당 부서나 윗분들이 결정하겠습니다만 편집자에게 재정 감각은 원고에 관한 감각만큼이나 중요합니다. 적어도 누군가 차려 둔 밥상 위에 숟가락을 얹을 수 있었던 '보조 편집자'

시기를 벗어나, 어엿하게 여러 협력자를 불러 모아 더 큰 '판'을 운영해야 할 때쯤 되었다면 말이죠. 이제부터 주도적으로 판을 운영하려면 사업적 감각이 바탕이 되어야 하는 겁니다. 재정 감각은 사람들과 소통하는 능력, 원고를 다루는 능력과 더불어 기획력, 실행력의 바탕이 됩니다.

편집자가 지녀야 할 재정 감각의 중요한 부분은 책 한 권의 '제작'을 아는 데서 길러집니다. 멀리 갈 것도 없이 책임 편집 중인 책 한 권이면 충분합니다. 물론 제작은 책의 물성인 북 디자인과도 크게 관련이 있습니다만, 여기서는 제작 과정과 요소를 중심적으로 살펴보겠습니다. 출판에서 '제작'이라고 하면 크게 '종이', '출력', '인쇄', '제본'을 아우른 말입니다. 그런데 그림이나 사진 등을 디지털화(스캔)하거나 보정하고, 인쇄용 필름을 만드는 과정인 '출력'은 이제 거의 사라졌습니다. 그림이나 사진 등의 원재료가 대개 처음부터 디지털로 제공되는 현실에서 PDF 데이터로 곧바로 인쇄판을 만들 수 있게 되자 얼마 후 '인쇄용 필름' 출력이라는 제법 큰 작업까지 사라져 버렸기 때문이지요. 이제는 출판 제작이라고 하면 대략 '종이', '인쇄', '제본'만 떠올리시면 됩니다. 이 세 가지는 모두 출판사 외부에서 협력 업체를 통해서 진행됩니다.

출판사는 책을 만드는 곳이지만 책을 직접 제작하지는 않는다는 말이죠. 종이는 지업사에서 구입하고, 인쇄는 인쇄소에서 하고, 제본은 제본소에서 하지요. 또 표지에 코팅을 한다든지(표지에 얇은 수지 막을 씌우면 젖거나 습해지지 않고 내구성도 높일 수 있지요), 홀로그램을 입힌다든지, 정교하게 오려 낸다든지 하는 일을 '후가공'이라고 하는데 이런 전문적인 가공을 하는 '후가공 업체'는 인쇄소나 제본소와 가까이에 있고 특별한 경우가 아니면 대개 인쇄소나 제본소에서 작업을 직접 의뢰합니다. 이렇게 책한 권을 만들 때마다 지업사, 인쇄소, 제본소, 후가공 업체가 늘 함께 움직이게 됩니다.

## 제작 의뢰서가 뭐지?

이제 단행본 제작 의뢰서를 작성해 봅시다. 제작 의뢰서는 교정을 마친 본문(내지)과 표지의 최종 데이터를 제작처에 보내면서 제작 관련 세목을 적어 지업사와 인쇄소, 제본소 등 제작처에 보내는 발주 서류입니다. 책임 편집자가 직접 작성하는 경우도 많지만, 제작 전담자 또는 담당 부서가 별도로 있는 회사에서는 편집자는 최종 PDF 데이터를 검수해서 담당자에게 보내는 걸로 갈음하지요.

발주서를 쓰면 책의 체제, 즉 물질적 구성 요소를 세부적으로 공부하게 됩니다. 표지와 내지가 별도 데이터라는 것, 표지와 내지가 '면지'를 통해 이어진다는 것, 책에 '날개'를 다는 법, '책등'의 사용법이나 두께의 의미, 책 표지의 면을 쓰는 법 등 말이지요. 또한 자연스럽게 중요한 정보도 알게 됩니다. 판매 관련 데이터, 즉 발행 부수를 정확하게 알게 됩니다. 또 용지의 지질과 소요량 등을 정확하게 알 수 있습니다. 그럼으로써 원가 산정에 유효한 데이터를 파악할 수 있게 되지요. 또 질감이나 무게감 등 완성품의 디자인 속성을 물질적으로 익힐 수 있습니다.

자, 책을 한 권 떠올려 보지요. '제작'으로 물질적인 구조를 알게 된다고 말씀드렸습니다. 먼저 책의 형태를 그려 봅시다. 이미 나온 책을 역추적해서 제작 발주를 설명해 보겠습니다. 자료는 단행본에서 자주 접하는 신국판 크기의 책『편집자란 무엇인가』(김학원, 휴머니스트, 2009)입니다. 이미 나온 지 오래된 책이지만 초판 2천 부 제작을 가상현실로 떠올려서 '신간 제작 의뢰서'를 작성합니다.

완성품을 거슬러 올라가서 이제 독자가 아닌 편집자의 눈으로 책이라는 물체를 해체하는 과정입니다. 이로써 출판물의 제작 원가(생산비)를 이해할 수 있습니다. 직접 생산비를 기본으로 단행본 한 종을 만드는 데 어떤 비용이 얼마나 드는지를 알면 마케팅 전략에 따라 책값을 정하는 알고리즘까지 이해할 수 있습니다. 책이 있으면 좋지만 없다면 가로 153밀리미터, 세로 225밀리미터 크기에 표지에 날개가 있는 책을 참고하시면 됩니다. 크기를 잴 수 있도록 자를 준비하면 좋습니다. 본문에 배열표, 종이 절수표, 종이 발주서, 제작 발주서를 제시하겠습니다.

이 책이 나온 때는 2009년 8월 17일입니다. 책 뒤에 있는 출판권 면을 보면, 초판 발행일이라고 되어 있죠. 이날부터는 독자가 서점에서 책을 살 수 있게 되었을 겁니다. 참고로 이 날짜는 계약 기간이나 보호 기간 산정 등에서 법적 효력을 갖는 저작물의 공표일이기도 합니다.


판형

책의 형태와 구조를 살펴볼까요? 먼저, 책의 크기부터 봅니다. 자로 재어서 알아보죠. 가로 153밀리미터, 세로 225밀리미터입니다. 이 수치를 '판형'이라고 하고, 이 크기의 판형은 '신국판'이라고 합니다. 판형은 '본체(본문)의 크기'입니다.

① 판형(본체의 크기): 세로 225밀리미터×가로 153밀리미터(신국판)

표지의 크기는 어떻게 될까요? 표지의 크기를 한눈에 보려면 책을 엎어서 앞날개와 뒷날개를 펼쳐야 합니다. 맨 왼쪽부터 뒷날개, 뒤표지, 책등, 앞표지, 앞날개 순으로 놓이지요. 각각의 폭을 더하면 표지의 가로 크기가 됩니다. 즉 526(=95+153+30+153+95)밀리미터입니다. 세로 크기는 본체와 똑같고요. 이 크기에 관해 몇 가지 상식을 알려드릴게요. 우선 앞뒤 날개의 폭은 각각 100밀리미터보다

작아야 합니다. 그보다 클 경우, 기계에서 자동으로 접히지 않아 일일이 수작업을 해 줘야 하거든요. 그러면 비용이나 일정에 추가 요인이 생기니 주의해야 합니다. 그 때문에 날개를 다시 작업해야 할 수도 있습니다. 또 책등의 폭은 다른 부분보다 가장 나중에 정해지는데, 본체의 쪽수와 용지, 면지의 장수와 용지를 디자이너에게 알려 주면(어떤 용지를 쓸 것인지를 디자이너와 상의할 수도 있겠죠) 디자이너가 다시 표지의 두께를 감안해서 책등의 폭을 정합니다. 자, 그렇게 해서 다음과 같이 펼친 표지의 크기가 나왔습니다.

② 표지의 크기: 세로 225밀리미터×가로 526밀리미터

종이

어떤 종이를 썼을까요? 종이에서 알아야 할 것은 용지의 규격과 두께, 결, 색 정도입니다. 인쇄에 사용되는 종이를 제작하는 곳은 제지사입니다. 사무용 A4용지로 알려진 한솔제지, 한국제지 등이 바로 제지사입니다. 제지사에서는 펄프, 재생 종이 등을 가공해서 원지를 만드는데, 크게는 폭이 몇 미터, 길이가 수십 킬로미터에 달하는 이 원지를 인쇄기에서 사용하기 적합한 크기로 잘라서 지업사에 공급하지요. 인쇄용 규격 용지에는 국전지와 46전지가 있습

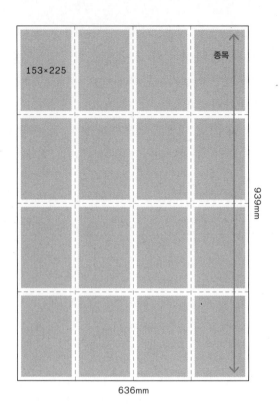

국전지에 앉힌 신국판 본문. 종이의 결이 전지의 긴 쪽으로 나 있으니 '종목'이다.
신국판 책의 본체는 국전지 종목을 사용한다. 전지 한 장의 앞면 뒷면을 합해 모두
32쪽이 인쇄된다.

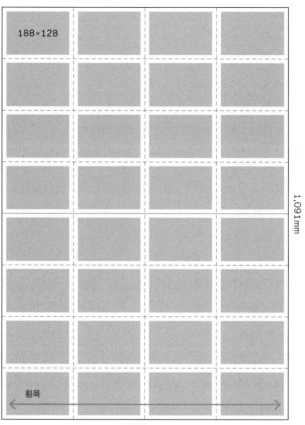

188×128

1,091mm

횡목

788mm

46전지에 앉힌 46판 본문. 종이의 결이 전지의 짧은 쪽으로 나 있으니 '횡목'이다. 46판 책의 본체는 46전지 횡목을 사용한다. 전지 한 장의 앞면 뒷면을 합해 모두 64쪽이 인쇄된다.

니다. 국전지의 크기는 636×939밀리미터, 46전지의 크기는 788×1,091밀리미터입니다. 신국판과 46판은 출판물에서 자주 쓰는 판형입니다. 국전지를 경제적으로 쓰면 신국판(153×225밀리미터)을 만들 수 있고, 46전지를 경제적으로 쓰면 46판(128×188밀리미터)을 만들 수 있습니다. 그림으로 보면 100-101쪽과 같습니다.

　본문 용지부터 살펴보지요. 100쪽 그림에서 보다시피 신국판인 이 책은 '국전지'를 사용합니다. 종이의 결은 책을 만들었을 때, 잘 펼쳐지도록 나 있어야 합니다. 종이를 상하, 좌우로 찢었을 때 잘 찢어지는 방향이 결입니다. 책을 세워 보면 본체나 표지의 종이가 위아래로 잘 찢어지도록 결이 나 있어야 책을 펼쳐서 보기에 좋다는 것을 알 수 있습니다. 종이 결을 잘못 쓰면 책이 자꾸 닫히려 하고 책등이 힘을 많이 받게 되므로 펼쳐서 볼 때 세로로 접히는 등 훼손되기 쉽습니다. 신국판인 이 책은 국전지 중에서 전지 상태의 긴 쪽(세로 방향)으로 결이 나 있는 '종목'을 사용합니다.

　종이의 두께는 '평량'으로 표시합니다. 평량은 해당 전지를 가로 1미터, 세로 1미터(이 크기를 1평으로 봄)로 잘라서 잰 그램 수입니다. 즉, 제곱미터당 그램 수($g/m^2$)이지요. 두께를 양으로 계산한다니 얼핏 이해하기가 어렵습니다. 두께는 출판사 쪽 그러니까, 종이 사용자에게 필요한 수치인데, 평량은 원지를 생산하는 당사자의 관점에서 중요한 수치이기 때문에 그리된 걸로 보입니다. 신국판 성인 단행본 본체에 주로 쓰는 종이는 '미색 모조지 80그램'입니다. 그램 수는 인쇄했을 때 뒤묻음이라든가, 책의 두께라든가, 펼칠 때의 느낌 등을 고려해서 선택합니다. 80그램짜리 종이를 자주 만져 보아 느낌을 기억하고, 다른 종이와 비교하는 방법으로 물성을 익혀 두면 좋습니다. 이 책에서는 90그램짜리를 썼습니다. 인쇄하지 않은 종이의 바탕색은 백색과 미색으로 나뉩니다. 독서할 때 눈의 피로도나 사진이나 그림 등의 원색 발현 등을 고려하여 색을 선택합니다. 글자가 많은 성인 단행본에서는 주로 미색을 선호하지요. 이 책에서도 미색을 사용했습니다. 다시 말해 90그램짜리 미색 모조지를 사용했습니다.

모조지니 하는 종이의 종류는 펄프 사용 비율, 압착률, 첨가물 등에 따라 나뉩니다. 비슷한 종이라도 제지사마다 별도의 상품명을 쓰기도 하지요. 모조지는 출판물의 본체 용지로 주로 쓰는 종이이고, 재생지를 많이 섞은 중질지나 좀 고급한 스노지, 아트지도 많이 씁니다. 물론 디자인 조형, 비용상의 필요에 의해 다른 용지도 자주 사용되지요. 모조지는 백색 모조지, 미색 모조지로 대별되는데, 전자를 백상지, 후자를 미색지라고도 합니다. 문자 텍스트를 위주로 해서 428쪽으로 다소 분량이 많은 이 책에서는 미색지를 사용했습니다. 본문(본체) 용지는 다음과 같이 정리할 수 있습니다.

③ 본문 용지: 미색 모조지, 국전지, 90g/m², 종목

　본체와 표지 사이에는 색다른 종이가 들어 있습니다. 앞표지 쪽에 두 장, 뒤표지 쪽에 두 장 모두 넉 장이죠. 이 종이를 '면지'라고 합니다. 본문 용지보다는 두껍고 표지 용지보다는 얇고 부드럽습니다. 약식으로 앞뒤에 각각 한 장씩만 쓰기도 합니다. 면지의 역할은 본체와 표지를 연결하고 지지하는 것입니다. 양장 제본일 때 기능이 두드러지는데, 그보다 대중화된 반양장 단행본의 장정에서도 제 기능을 합니다. 면지는 기본적인 물질적 기능뿐만 아니라 디자인 요소로도 기능합니다. 독자가 표지를 거쳐, 본체로 시선을 옮길 때 색채나 정보 인쇄 등을 통해 시각적 도입부 기능도 하는 것이지요.

　이 책에서는 차분하게 채도가 낮은 파스텔 색조를 썼군요. '책 만드는 사람이 알아야 할 모든 것'을 담은 참고서적류의 교양서로 자리매김했으니 적절합니다. 이 색은 따로 인쇄하지 않고 원래 색을 넣어 제조한 '색지'입니다. 제지사별로 다양한 색지가 있습니다. 삼화제지의 밍크지, 한솔제지의 매직칼라 등이 자주 쓰입니다. 면지의 크기는 본체와 똑같지만, 이들 색지는 국전지를 생산하지 않으므로 버리는 부분이 있더라도 46전지를 써야 합니다. 바탕지에 색을 인쇄하는 것보다는 덜 번거롭고 비용도 적게 드는 데

다 색도 다양해서 다채로운 효과를 기대할 수 있기 때문에 면지에는 거의 색지를 씁니다. 두께(평량)는 대개 120그램을 쓰는데, 질감이나 기능을 고려한 까닭도 있지만 제지사에서도 이 평량을 주로 생산하기 때문입니다. 신국판에서 면지로 쓴 색지의 결은 본체의 경우와 같습니다. 이렇게 해서 이 책의 면지는 다음과 같이 정리할 수 있습니다.

④ 면지: 밍크지(크림색, 삼화제지), 120g/m², 46전지, 종목

이제 표지를 살펴봅니다. 표지에 자주 쓰는 종이는 아트지입니다. 반양장 단행본에는 250그램짜리 아트지나 스노지 등이 선호되는데, 질감이라든지 내구성이라든지 색감의 구현이라든지 디자인적인 요소를 고려하여 특수지를 찾는 예도 많습니다. 물론 값이 비싸지지요. 이 책에 사용된 종이에서는 질기고 톡톡한 느낌이 납니다. 삼화제지의 랑데뷰(내추럴) 210그램으로 보입니다. 210그램이지만 아트지보다 견고하기 때문에 날개 접기 등 다루기에도 어렵지 않고 얇다는 느낌도 들지 않습니다. 고급한 느낌이라 비교적 비싼 책값과도 연관이 있을 것입니다.

그러면 표지는 어느 규격지에 앉혀야 좋을까요? 앞서 표지의 크기를 526×225밀리미터로 계산했습니다. 여분을 생각하고 국전지가 좋을지, 46전지가 좋을지 고려해 봅

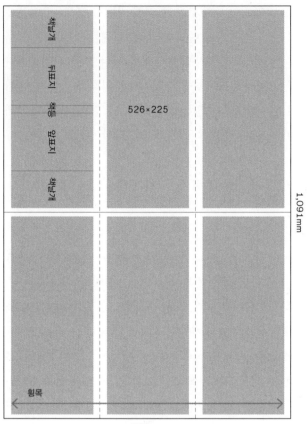

책날개 뒤표지 책등 앞표지 책날개

526×225

1,091mm

횡목

788mm

46전지에 신국판 『편집자란 무엇인가』의 표지를 앉힌 모습. 전지에서 여섯 벌의
표지가 나온다. 다만 46전지는 전지 인쇄가 불가능하고 전지를 반으로 잘라 반절
지에 인쇄해야 한다. 반절에서 세 벌의 표지가 나온다. 책이 되었을 때의 표지의
결을 고려하면 전지의 짧은 쪽 결이므로 '횡목'이다.

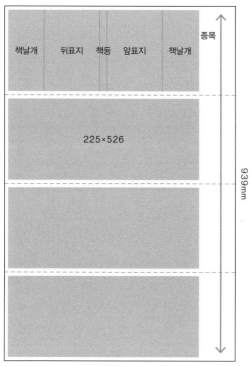

책날개　　뒤표지　책등　앞표지　　　책날개　　종목

225×526

939mm

636mm

국전지에 신국판『편집자란 무엇인가』의 표지를 앉힌 모습. 전지에서 네 벌의 표지가 나온다. 책이 되었을 때의 표지의 결을 고려하면 전지의 긴 쪽 결이므로 '종목'이다.

시다.

　106-107쪽 그림을 보면 46전지에서는 여섯 벌, 국전지에서는 네 벌을 낼 수 있군요. 종잇값은 어느 쪽이든 큰 차이가 없겠습니다만 반절보다 전지 작업이 낫고, 한번에 네 벌 나오는 쪽이 빠를 터이니 국전지가 좋겠습니다. 표지는 다음과 같이 정리할 수 있습니다.

　⑤ 표지: 랑데뷰(내추럴, 삼화제지), 210g/m², 국전지, 종목

　자, 이제 인쇄 기계에서 어떤 일이 일어나는지 보겠습니다. 인쇄 기계는 항공기만큼 정밀한 기계라고 합니다. 예를 들어 육안으로는 보이지 않는 작은 망선들로 이루어진 시엠와이케이CMYK 네 종의 색을 각각 인쇄해서 겹침으로써 인쇄물의 원색을 냅니다. 네 종의 잉크를 쓰는 4도 기계, 한 번에 앞뒤를 인쇄하는 양면 기계 등으로 분류합니다. '대수'란 인쇄 기계에 들어간 종이 한 장의 양면 인쇄를 세는 단위입니다. 앞서 살펴본 본문의 경우를 돌이켜 봅시다. 신국판인 이 책은 국전지의 양면에서 32쪽을 얻을 수 있습니다. 한 면에서 16쪽, 다른 한 면에서 16쪽으로 말입니다. 인쇄기에 들어간 국전지에 양면 한 대를 인쇄하면 32쪽이 나온다는 말이지요. 이제 이 생각을 다음의 '배열표'에 연결해 보기 바랍니다.

| 1 | 2 | 3 | 4 | 5 | 6 | 7 | 8 |
|---|---|---|---|---|---|---|---|
| (약표제) | (백) | (표제) | (백) | (헌사) | (백) | 머리말 | 머리말 |
| 9 | 10 | 11 | 12 | 13 | 14 | 15 | 16 |
| 감사의 말 | 감사의 말 | 감사의 말 | 감사의 말 | 감사의 말 | (백) | 차례 | 세부 차례 |
| 17 | 18 | 19 | 20 | 21 | 22 | 23 | 24 |
| 세부 차례 | 세부 차례 | 세부 차례 | (백) | 서장 | (백) | — | — |
| 25 | 26 | 27 | 28 | 29 | 30 | 31 | 32 |
| — | — | — | — | — | — | — | — |

『편집자란 무엇인가』 본문 배열표의 앞부분. 앞서 절수표(100-101쪽 참조)에서 보듯, 신국판은 국전지 한 장에서 32쪽이 나온다. 이 32쪽이 인쇄 대수로 한 대다. 어두운 면과 백면이 각각 전지의 다른 면에 인쇄된다.

그 밖의 정보

이 책이 몇 쪽짜리인지 살펴보겠습니다. 제작상 편의를 위해서 본체 하단에 기재하는 쪽수는 인쇄 대수와 맞아떨어지도록 하는 것이 예사입니다. 즉, 본체의 첫 페이지(제목만 작게 들어가는 '약표제' 페이지)는 쪽수를 인쇄하지 않더라도 1쪽으로 둡니다. 책의 맨 마지막 쪽을 봅시다. 이 책의 하단 면주에 마지막으로 인쇄된 것은 '425'쪽이지만 종이 소요량과 인쇄 대수를 계산할 때는 페이지 숫자가 인쇄되었는지와 상관없이 책의 맨 마지막 쪽까지 세어야 합니다. 그래서 이 책의 쪽수는 '428쪽'입니다.

⑥ 쪽수: 428쪽

본문의 배열표는 다음과 같이 마무리됩니다.

| 417 | 418 | 419 | 420 | 421 | 422 | 423 | 424 |
|---|---|---|---|---|---|---|---|
|  |  | 참고문헌 |  |  |  | 찾아보기 |  |
| 425 | 426 | 427 | **428** | 429 | 430 | 431 | 432 |
|  | (백) | (출판권) | (백) |  |  |  |  |
| 433 | 434 | 435 | 436 | 437 | 438 | 439 | 440 |
|  |  |  |  |  |  |  |  |
| 441 | 442 | 443 | 444 | 445 | 446 | 447 | 448 |

『편집자란 무엇인가』 본문 배열표의 뒷부분. 428쪽에서 책이 끝난다. 제작에서는 인쇄된 쪽수가 아니라 본체 맨 마지막 면이 최종 페이지다.

인쇄 대수는 전체 페이지 수를 인쇄 한 대당 페이지 수로 나누면 나오겠지요. 다음과 같습니다.

⑦ 인쇄 대수: 13.375대 = 428쪽(전체 페이지 수) ÷ 32

쪽(한 대당 페이지 수)

앞의 배열표에서 한눈에 볼 수 있듯이, 이 경우에 이 책의 인쇄 대수는 이 책 한 권을 만드는 데 필요한 종이 수량과 동일합니다. 한 권을 만드는 데는 국전지 13.375장이 소요됩니다. 팁을 추가하자면, 배열표는 단순히 각각이 해당 쪽에 있어야 할 내용이 완료되었는가를 파악할 수 있을 정도로 쪽수를 나열하는 것보다 인쇄 대수, 나아가 한 권을 제작하는 데 요구되는 종이의 양까지 한눈에 볼 수 있게 이처럼 32의 배수, 16의 배수로 만드는 것이 좋습니다. 그러면 본문 최종 교정뿐만 아니라 이렇게 제작까지도 연결해서 작업을 일관성 있게 하는 데 도움이 되지요. 그리고 페이지 수가 32의 배수로 떨어지지 않더라도 4의 배수로 맞추면 좋습니다. '같이걸이'(돈땡)를 해서 전지 한 매에 4의 배수인 페이지를 복수로 인쇄할 수 있기 때문입니다.

이제 책에 사용된 색도를 확인합니다. 표지에는 붉은색, 녹색, 검정 등이 쓰였습니다. 원색인 CMYK(사이언, 마젠타, 옐로, 블랙)가 모두 쓰여야 발현되는 색입니다. 즉, 한 면에만 인쇄를 한 표지의 색도는 단면 4도입니다. 본문에서는 양면에 검정과 한 종의 '별색'이 쓰였습니다. 별색은 원색을 따로 인쇄해서 발현하지 않고 잉크 자체를 섞어서 만듭니다. 그래서 본문의 색도는 검정과 별색, 양면 2도입니다.

⑧ 색도: 본문 양면 2도, 표지 단면 4도

이제 '후가공' 상태를 확인합니다. 표지에는 전체적으로 광택이 없는 수지가 덮여 있고, 제목 글자 등에는 경계선까지 매끄러운 투명 수지가 덧씌워져 있습니다. 표지의 내구성을 높이는 수지 코팅을 '라미네이팅'이라고도 합니다. 글자 위에 얹힌 것은 '에폭시'라고 합니다. 표지 라미네이팅에는 광택이 있는 것과 없는 것을 선택할 수 있습니다. 아무래도 표면이 거친 무광택 쪽이 더러움을 더 잘 타는데, 차분한 느낌을 연출하려 할 때 선호되지요. 그래서 표지 후가공과 관련된 내용은 다음과 같이 정리할 수 있습니다.

⑨ 표지 코팅(라미네이팅): 무광, 기타: 에폭시

마지막으로 책값을 살펴보죠. 표지의 뒷면에 있군요. 1만 7천 원입니다. 초판이 나온 게 2009년 8월이니까 당시로서는 비싼 편입니다. 이 책은 2018년 12월 현재까지 절판되지 않고 팔리고 있는데, 당시에는 적어도 초기에 많이 팔릴 거라고 생각하지 않고 적은 부수에서 '손익 분기'를 하려 했다고 볼 수 있습니다. 어떻게 그것을 아느냐고요? '장정'의 세부를 들여다보거나 '원가'를 추산하면 그와 같은 마케팅 전략이 어느 정도는 드러납니다.

⑩ 책값: 1만 7천 원

이제 발주, 제작 의뢰를 할 때가 되었군요. 이때는 별도로 교정을 마친 '신간'『편집자란 무엇인가』의 제작용 파일이 '배열표'와 함께 인쇄소로 건너갈 시점입니다. 상부에서 발행 부수와 제작 사양 등을 최종 결정하면 '제작 의뢰서'의 항목을 완성해서 인쇄소에 보냅니다. 인쇄소 담당자와 종이 수량 등 제작 의뢰서 항목들을 확인하는 것이 좋습니다. 문제가 있으면 해결한 뒤에 지업사와 제본소에 발주해도 늦지 않으니까요. 인쇄소는 대개 친절하게 응대해 줍니다. 제작용 파일을 받은 인쇄소에서는 종이가 인쇄소로 입고되기 전에 먼저 '인쇄판'을 제작합니다. '제작 의뢰서'를 제본소에도 보내고 지업사에는 '종이 발주서'를 보냅니다. 모든 항목을 하나의 발주서에 써서 세 곳에 보낼 수도 있습니다. 지업사에는 종이 물량을 어느 제작처로 보낼지 알 수 있게 하고, 인쇄소에서는 용지 입고 시기를 착안해서 작업 공정을 준비하겠지요. 제본소(인쇄소가 제본을 겸하는 경우도 있습니다)에서도 미리 작업 준비를 할 수 있습니다. 후가공은 제작처에서 관리해 줍니다. 이렇게 종이, 인쇄, 제본 관련 사항을 업체 세 곳이 동시에 인지함으로써 협업이 준비됩니다.

종이의 수급 상황 같은 것이 궁금하면("이런 종이가 있나요?", "연당 가격은 얼마나 하나요?") 지업사에 연락합니다. 편집자가 지업사를 직접 방문할 일은 거의 없고, 제본소도 특별한 경우가 아니면 갈 일이 거의 없지만 인쇄소에는 가끔 가야 합니다. 인쇄 품질 관리('인쇄 감리'라고 합니다. 책의 표지나 본문의 중요한 원색 인쇄가 있을 때 담당 편집자 또는 디자이너, 사진가 등의 저자가 감리를 봅니다)를 해야 하기 때문입니다. 주로 영업 담당자, 작업 중인 인쇄 기계의 기장과 소통을 합니다.

## 종이 소요량 계산하기

종이 소요량을 계산해 봅시다. 이 책의 종이는 '화인페이퍼'라는 지업사에 주문했군요. 용지의 명칭과 전지 크기, 결은 앞서 정리해 두었지요. 제작 부수는 2천 부입니다.

'정미'란 2천 부의 소요량입니다. '여분'은 매 인쇄 대차의 시험 인쇄나 기타 파손에 대비한 것입니다. 신간 홍보를 위해 쓸 책까지 고려해서 적당한 부수가 더 제작되도록 여분을 조정하는 편이 좋습니다. 정미와 여분을 더한 수량이 발주량입니다. 여분을 두는 방법은 총량 대비 비율로 두는 것보다는 인쇄기를 돌리는 단위, 즉 '인쇄 대수당 얼마' 하는 식으로 두는 것이 좋습니다. 원색 인쇄 등 난도가 높은 인쇄에는 조금 더 두는 것이 좋겠지요. 본문과 표지의 대당 인쇄 수량이 비슷해야 최종 제본 부수가 적절하게 됩니다. 여분은 인쇄소 담당자와 상의하는 것이 가장 정확한 방법입니다.

먼저 본문 용지를 계산합니다. 앞서 국전지에 신국판을 얹은 전지 절수표와 '배열표'를 사용해서 시각적으로 추산해 보기 바랍니다. 국전지 한 장에서는 앞면 16쪽, 뒷면 16쪽 해서 모두 32쪽이 나옵니다. 이 책은 428쪽입니다. 본문 배열표까지 참조해서 책 한 권을 만드는 데 본문 용지가 몇 장이나 필요한지 계산해 봅시다.

| | 본문 | 표지 | 면지 |
|---|---|---|---|
| 용지명 | 미색 모조지, 90g/m² | 랑데뷰(내추럴, 삼화제지), 210g/m² | 밍크지(크림색, 삼화제지), 120g/m² |
| 크기(결) | 국전지, 종목 | 국전지, 종목 | 46전지, 종목 |
| 정미 | | | |
| 여분 | | | |
| 발주량 | | | |

『편집자란 무엇인가』 2천 부 종이 계산하기

+

본문 용지 계산하기(2천 부 제작 시)

정미

① 신간의 본문 쪽수 428쪽, 국전지 한 장＝32쪽

② 한 부 제작 시, 소요량은? 428쪽÷32쪽＝13.375장

③ 2천 부 제작 시, 소요량은? 13.375×2,000＝2만 6750장

여분

④ 여분은 인쇄 기계를 한 번 돌릴 때마다, 즉 인쇄 대당 120장

⑤ 인쇄 대수는 얼마? 기계를 한 번 돌릴 때마다 32쪽을 인쇄하는데, 전체 쪽수가 428쪽이므로, 428쪽÷32쪽＝13.375대 (권당 종이 소요량과 동일한 수치로, 반절로 인쇄하는 46전지에서는 인쇄 대수가 권당 종이 소요량의 두 배가 됨)

⑥ 여분의 총량: 13.375대×120장≒1,600장

다음으로 표지 용지를 계산합니다. 앞서 국전지에 표지를 얹은 전지 절수표를 보면서 시각적으로 추산해 보기 바랍니다. 국전지 한 장에서는 모두 네 벌의 표지가 나옵니다. 책 2천 부를 만드는 데 표지 용지가 몇 장이나 필요한

지 계산해 봅시다.

+
표지 용지 계산하기(2천 부 제작 시)

정미
① 국전지 한 장=네 벌
② 2천 부 제작 시, 소요량은? 2,000÷4=500장

여분
③ 여분은 인쇄 기계를 한번 돌릴 때마다, 즉 인쇄 대당 150장. 표지 용지는 본문 용지보다 인쇄가 까다롭기 때문에 여분을 그보다 더 줍니다.
④ 인쇄 대수는 얼마? 기계를 한 번 돌려서 소요량을 다 인쇄합니다. 그러므로 1대.
⑤ 여분의 총량: 1대×150장=150장

마지막으로 면지 용지를 계산합니다. 면지는 46전지 크기의 색지로, 앞쪽에 두 장, 뒤쪽에 두 장 해서 모두 네 장이 소요됩니다. 전지 한 장에서는 열여섯 장, 즉 네 부를 제작할 수량이 나옵니다. 계산해 봅시다.

+

면지 용지 계산하기(2천 부 제작 시)

정미

① 46전지 한 장＝네 벌

② 2천 부 제작 시, 소요량은? 2,000÷4＝500장

여분

③ 면지는 인쇄 등의 공정을 거치지 않기 때문에 여분이
많이 필요하지 않습니다. 앞서 본문과 표지의 여분을 완성
품의 수량을 2천 부보다 100부가량 더 제작하도록 두었다
면 그 점을 감안합니다.

④ 여분의 총량: 70장

여기까지 나온 수량을 정리해 볼까요?

| | 본문 | 표지 | 면지 |
|---|---|---|---|
| 용지명 | 미색 모조지, 90g/m² | 랑데뷰(내추럴, 삼화제지), 210g/m² | 밍크지(크림색, 삼화제지), 120g/m² |
| 크기(결) | 국전지, 종목 | 국전지, 종목 | 46전지, 종목 |
| 정미 | 26,750 S | 500 S | 500 S |
| 여분 | 1,600 S | 150 S | 70 S |
| 발주량 | 28,350 S | 650 S | 570 S |

표에서 s는 sheet의 약자입니다. '장' 수를 뜻합니다. 그런데 숫자가 커서 다루기가 불편합니다. 그래서 '연'Ream 이라는 단위를 가져옵니다. 1연(R)은 500장입니다. 참고로 연은 종이의 포장 단위하고는 다릅니다. 연 단위를 사용해서 발주 내용을 정리하면 다음과 같이 됩니다.

|  | 본문 | 표지 | 면지 |
|---|---|---|---|
| 용지명 | 미색 모조지, 90g/m² | 랑데뷰(내추럴, 삼화제지), 210g/m² | 밍크지(크림색, 삼화제지), 120g/m² |
| 크기(결) | 국전지, 종목 | 국전지, 종목 | 46전지, 종목 |
| 정미 | 53.5 R | 1 R | 1 R |
| 여분 | 3.2 R | 0.3 R | 0.14 R |
| 발주량 | 56.7 R | 1.3 R | 1.14 R |

용지 계산이 끝났습니다.


**발주서 쓰기**

공란을 채워서 발주서를 완성합니다.

오래된 출판사가 많은 일본에서는 회사의 요직에 오르기 직전에 반드시 거쳐야 할 부서가 제작부라고 합니다. 우리나라에서도 제작팀이 있는 경우 경영지원부 산하입니다. 국가직무능력표준NCS 평생경력개발 체계도에서도 편집자는 '제작'을 초급자-실무자-전문가-책임자 단계 중에서 '전문가' 수준 및 '책임자' 수준에서 관리한다고 정리했습니다. 그만큼 제작이 경영에서 중요한 부문이라는 말

# 제작 의뢰서

발주일:　　　년　　월　　일　(담당자:　　　　　연락처:　　　　　　)
인쇄소:　　　　　　　　　　(담당자:　　　　　연락처:　　　　　　)
제본소:　　　　　　　　　　(담당자:　　　　　연락처:　　　　　　)

**도서명**　　편집자란 무엇인가 (신간)

**저자**　　○○○

**발행 부수** 2000부　　　　　　　**판형**　153×225mm

**발행일** 2009년 8월 17일　　　　**쪽수**　428

**지업사**　화인페이퍼　　(담당자:　　　　　연락처:　　　　　　)

| 용지 | | 종류 | 크기 | 정미 | 여분 | 발주량 |
|---|---|---|---|---|---|---|
| | 표지 | 미색 모조지 90g/m² | 국, 종목 | 1 R | 0.3 R | 1.3 R |
| | 본문 | 랑데뷰 내추럴 210g/m² | 국, 종목 | 53.5 R | 3.2 R | 56.7 R |
| | 면지 | 밍크지 크림색 120g/m² | 46, 종목 | 1 R | 0.14 R | 1.14 R |

**색도수**　표지　　단면 4도 (크기: 225×526mm)
　　　　　본문　　양면 2도 (별색: ○○○)
　　　　　면지　　인쇄 없음

**제본**　　제본 양식　반양장 아지노
　　　　　날개　　　있음 (폭: 95mm)
　　　　　후가공　　표지 에폭시
　　　　　라미네이팅　무광
　　　　　누름선　　표1, 표4

비고

이지요. 회사 전체의 제작 공정이야 당연히 그리 다루어야 하겠습니다만 열 명 이하 작은 사업장이 대다수인지라 책임 편집자가 단행본 제작 발주까지 하는 경우가 많습니다. 책임 편집을 시작한 때부터 직접 발주를 하고 가능하다면 견적서나 청구서도 확인하십시오. 숫자는 중요하니까요. 우리는 회사에 안주할 수 없습니다. 오래 머물 수도 있고, 그러지 못할 수도 있지만 확실한 것은 자신이 자기 업무의 시작과 끝을 다 보는 사람이 되어야 한다는 사실입니다. 제작에 관여하는 것과 그러지 않는 것에는 큰 차이가 있습니다. 그 차이는 늦으면 10년 차쯤, 자신이 상황을 확실히 주도해야 하는 상황이 왔을 때 실감할 수 있습니다.

# 10

{ **편집자의 교양** }

연차가 쌓일수록 편집자에게는 전체를 관통하는 능력이 더욱 요구됩니다. 책임 편집자에게 책 한 종의 제작 공정을 아우르는 능력이 요구되었다면, 연차가 쌓일수록 권한과 책임의 범위는 넓어지겠지요. 편집자에게는 무엇보다 자신이 담당한 출판 분야에 대한 전문성이 문제시되는데, 이는 편집자라면 누구나 똑같이 갖게 되는 것이라기보다 편집자 '일신에 전속'하는 것입니다. 같은 원고라도 편집자가 누구냐에 따라 다른 책이 되듯이 '편집'은 편집자마다 다르지요. 출판에서 전문성이라면 기술적인 면도 있겠지만 해당 전문가 사회의 이슈를 파악하고 거기서 필자를 발굴하고 관리하여 원고를 생산하는 기획자로서 쌓은 실력을 의미합니다. 10년쯤 일해서 전문 영역을 갖게 되었다면 해당 지식 분야의 출판에 관해서라면 누구와도 대화를 나눌 수 있는 정도가 되어야 '전문성'이 있다고 할 수 있지 않을까요?

특정한 분야의 출판물을 기획할 수 있는 안목을 지녀야 한다는 말이지요. 적어도 자신이 다루는 부문에서는 남다른 안목이 요구됩니다. 어휘를 좇아 보자면 안목은 식견, 견문과 학식이라는 말과도 통하는 것이고, 그로써 사태를 통찰하는 능력이라고 하겠습니다. 안목은 누구에게나 있는 것이라기보다 두루 보고 배워야 갖추어진다는 말입니다. 저자에게는 깊이 있는 지식이, 편집자에게는 폭넓은 지식으로 '교양'이 필수적이라 하겠습니다.

편집자의 안목은 몇 년을 두고 자기 작업을 해 가는 한편으로, 자기 분야와 관련된 지식을 공부하고 관련 저작자들을 두루 살피고 그들의 전작을 읽고 연구하거나 대중의 관심사나 사회적 트렌드에 관심을 갖고 지내면서 사회적 이슈를 출판에 활용하려는 노력을 통해 서서히 길러질 것입니다. 물론 대학 등에서의 전공 등 직업 선택 이전에 얻은 지식이 바탕이 되기도 합니다. 편집자가 되기 위해서 특정한 전공을 거쳐야 하는 것이 아니고 주로 어문 계열 전공자가 많다 보니 처음부터 전문 분야를 맡는 경우는 그리 없는 것 같습니다. 과학 분야 책의 경우, 자연 계열 전공자가 거의 없다 보니 난도가 있는 인문서 정도로 다루어지기도 합니다. 완성된 원고를 책으로 만드는 경우라면 '난도 높은 인문서'로 다루는 데 큰 문제가 없을 수 있지만, 과학 분야의 새로운 책을 기획해야 하는 단계에서 해당 분야에 관한 폭넓은 지식이 없다면 어려움에 처하겠지요. 주로 역사서를 만들던 편집자가 대학원에 들어가 해당 전공을 공부한다거나, 생태 관련 도서를 내는 출판사를 설립하고 나서 관련 전공을 이수하는 경우도 있습니다.

전문 분야를 공부하는 것과 별개로, 편집자는 늘 공부하는 사람입니다. 작업하는 원고만 하더라도 이미 완성된 것이지만 제대로 이해하기 위해서는 내적 맥락을 읽는 데 그쳐서는 안 되기 때문이지요. 가령 이탈리아 피렌체 공화국의 메디치 가문을 다룬 원고를 읽기 위해서는 이탈리아 르네상스 시기의 학문과 예술과 관련된 백과사전적인 내용을 먼저 공부해야 합니다. 한국 현대사를 개인적 관점에서 다룬 원고를 읽기 전이라면 해당 기간의 역사적 키워드를 두루 섭렵해야겠지요. 특정한 분야의 지식에 그치지 않아야 할 것입니다.

편집자로서 누구든 잠재적 저자로 만날 수 있어야 한다면 만남에 두려움이 없어야 하겠지요. 저자의 관심사나 아이디어, 연구 성과를 출판하자고 다가오는 편집자가 주눅이 들어 있어서는 안 되겠지요? 물론 저자의 저작이나 동향을 주시해 왔고 누구보다 정확한 관점을 제시하며 과정을 이끌어 갈 수 있다면 어떤 경우에도 인연을 지속할 수도 있을 테지만요. 전문 필자가 출판을 제안하는 예가 아니라 전문 필자에게 출판 제안을 해야 하는 경우, 필자가 원고를 구상하기 전에 필자와 논의를 하면서 기획안을 만들어야 할 경우 기존 자료나 사전 지식이 충분하지 않으면 필자의 제안에 수동적으로 응하는 데 머물고 말겠지요.

최근의 출판 경기는 극과 극을 달리고 있습니다. 오래도록 '양서'를 출판해 온 출판사들도 특정한 이슈가 있는 출판물과 기존 방식으로 편집된 특정 부문의 출판물의 판매 지수가 크게 달랐습니다. 편집이 독자의 변화에 응하고 새로운 방식을 개발하여 필자에게 제안을 해야 하는 상황이 아닌가 싶습니다. 갓 출판된 책의 판매 지수는 핵심 독자들마저 상당수 이탈한 상황이라고 말하는 것 같았습니다. 학문적인 글쓰기와 대중적인 글쓰기는 다릅니다. 학문적으로 신뢰할 만한 전문성을 가진 필자라도 대중적인 글쓰기는 어렵다고 합니다. 편집자는 그런 필자로 하여금 낯설고 불안하나 새로운 경험의 장으로 나서게 할 수 있는 주체이죠. 이상적으로는요. 그런 일이 성공적으로 이루어진 경우, 대개 그 편집자는 출판사의 '대표'입니다. 안목은 권한과도 연결된다고 하겠습니다.

편집자는 연차를 더할수록 자기 분야가 뚜렷해지는 쪽으로 나아가는 편이 좋을 것 같습니다. 그래야 더 효율적으로 일할 수 있고, 업무의 안정성을 확보하기에도 유리하니까요. 물론 어느 경우에나 자신의 권한이 작동하는 '판'을 넓히는 일을 잊어서는 안 되겠지요. 쉽지는 않다고 생각합니다. 매출 신장에 지대한 영향을 주는 경우가 아니라면 회사가 나서서 여러분이 일하기 좋도록 미리 나서 주기도 쉽지 않지요. 주어진 영역 내에서만 일해야 한다면, 스스로 회사의 경계를 넘나들지 못한다면 전문성을 지닌 전문 편집자로 나서는 일도 쉽게 오지 않을 것입니다. 작더라도 자신의 판 안에서는 자신이 주도할 수 있어야 한다는 말이지요. 책임지고 감당할 수 있는 한 말입니다. 책임지고 감당한다는 건 결국 실력이겠고, 실력이란 공부, 공부로 다져진 안목일 것입니다.

전문 분야 공부만이 아니라 문화인, 교양인으로서의 공부도 중요합니다. 당대 최근의 이슈에 몸을 맡길 수도 있어야 하지만, 많은 사람과 숱한 정보 사이에서 자기 것을 해내는 편집자로서 굳건한 심지도 갖춰야 할 테니까요. 사실 어린이, 실용, 경제경영 등 인문 교양이 아닌 분야라고 해서 인문적인 소양이 불필요한 것은 아니잖아요? 책을 만드는 사람이라면 틀 안에 안주해서 잘할 수 있는 일만 줄곧 하려고 하지는 않을 것입니다. 인간사의 어느 것도 책에 담을 수 없는 것이 없으니 말입니다. 출판은 인간의 지식이나 사유를 다루지 않는 분야가 없으므로 편집자가 인간 자체에 대한 탐구를 그쳐서는 안 된다고 할 수 있겠지요. 인간에 대한 탐구, 그것의 기본이 바로 우리가 주문처럼 외는 인문학, '문사철'文史哲 아니겠습니까?

고전 읽기, 한국사와 세계사 읽기, 철학하기(자연과학을 추가하고 싶군요). 살아 있는 사람이라면 이를 다 마쳤다고 할 사람이 없겠지만, 사실 우리는 이에 대한 공부가 잘 되어 있지 않습니다. 저도 실은 목록을 다 일별하지 못했습니다. 너 나 할 것 없이 어려서부터 대학 입시에 몰두하느라 말이지요. 일할 시간마저 부족한지라 실용성 없는 책을 굳이 읽어야 한다고 나서기도 그렇고요. 그러다 보니 읽는 행위(독서)가 훈련되어 있지 않기도 합니다. 최근의 베스트셀러를 살피는 것만큼 아니 그보다 먼저, 문자로 쓰인 역사적 텍스트를 독서 예정 목록에 올리는 일이 시급하지 않을까 합니다. 편집자라면 의식적으로 해야 할 일로 말이지요. 무작정 읽는 것만으로도 의미가 없다 하지 못하겠지만, 기왕 비판적으로 읽는 편이 좋기는 하겠습니다. 텍스트 하나를 길면 한두 해, 시간이 걸리더라도 말입니다. 독서 후 서평을 쓸 수도 있고, 혼자서 어렵다면 독서 모임, 공부 모임도 방법일 것입니다. 요즘 같은 스마트폰과 소셜 네트워크 시대에 책 읽기는 의식적인 노력이 병행되어야 하는 일입니다.

책 읽기는 편집자라는 '책 만드는 사람', '책을 중심으로 사람들을 모으는 사람'의 교양에 의미 있는 기여를 한다고 봅니다. 편집자가 섭렵한 고전이 그의 인식을 탄탄하게 해 줄 거라는 데 이견이 없을 겁니다. 곧 책 만드는 이의 바탕은 상당 부분 독서를 통해 구성된다고 하겠습니다.

# { 실무 정년 마흔, 자기 브랜드를 만든다면 }

 

책 만드는 사람에게는 책 한 권을 편집하는 과정이 하나의 판입니다. 한 권, 한 권 기획하고 편집하면서 3년 차 편집자가 되고, 5년 차 편집자가 되고 하는 것이지요. 그 한 권, 한 권은 매번 다른 책일 터이니 편집된 책은 반복되는 것이 아니고 지속적으로 (시간 속에) 쌓이고 (범주로) 묶이고 (세상과) 연결되는 것이겠지요. 편집자 한 사람이 만든 책은 각각 한 권, 한 권으로만 끝나지 않고 다른 것과 이어지면서 편집자 한 사람의 경력으로서 또 하나의 판이라 할 수도 있을 것입니다. 쌓이고 묶이고 연결되면서 이렇게 커지는 판은 편집자가 만드는 세상이라 할 만한데, 상당수의 편집자는 그 세상에 힘껏 역작을 밀어 올리고 한창 일할 만한 나이가 되어서는 편집의 세계를 떠났습니다. 지금 출판계에는 숙련된 편집자가 해야 할 일이 너무 많은데, 현실은 30대를 편집자의 전성기라 하고 마흔을 넘길 때쯤 되면 출구 전략에 내몰려야 하는 상황입니다. 10년 이상 숙련된 편집자가 현장에서 밀려나거나 권한을 보장받지 못하면 그다음 연차에게는 선배들이 졌어야 했던 책임이 한층 더 무겁게 전가될 수밖에 없지요.

실무 정년이 마흔이라는 말에 비관적 정조가 담겼다고 할 수도 있겠습니다만, 현실에서 편집자 개인이 마흔 이후의 은퇴를 생각한다는 것이 피할 수 없는 사정이라면 그것을 긍정적으로 인정해 볼 수도 있지 않을까요? 10여 년 경력을 쌓는 동안 숙련된 편집자가 자신의 분야를 개척하여 자기만의 브랜드를 가진다는 목표를 세워 보는 것입니다. '출판의 최소 단위'로서 책임 편집이라는 출판 공정에는 이미 출판물의 기획이나 마케팅까지가 포함되어 있습니다. 그러니 출판은 애초에 보조 편집자로 일하면서 기본을 닦고, 그 후 팀장급 편집자로 팀을 운영하고, 10여 년 경력이 되었을 때 독자적인 브랜드를 맡는 것을 목표로 삼아 볼 수 있겠다는 생각이 듭니다. 출판사에서 팀 하나를 독자적으로 운영하는 형태일 수도 있고, 대형 출판사의 임프린트 형태도 있을 수 있고, 본격적으로 창업을 할 수도 있을 것이고요. 실제로 짧은 경력으로 이직이 아닌 창업을 선택하여 개성 있는 출판사로 성장한 사례도 있습니다.

적어도 최근 20여 년 동안 출판계에서는 잦은 이직, 책임과 임무에 못 미치는 대우, 업무 폭증으로 인한 피로 누적, 편집권의 제한과 같은 문제가 해결되기는커녕 여타의 관행과 더불어 고질화했던 것 같습니다. 모든 문제가 시장의 규모가 줄어든 데 있다고만 할 수 있을까요? 우리는 여전히 책을 만들고 있는데 말입니다. 여전히 10년 전과 비슷한 종수의 책을 내고 있는데 말입니다. 여전히 책을 읽는 사람이 있고, 읽히고 공유되어야 할 이야기가 있는데요. 시장의 규모가 줄어든 것이 기정사실이라도, 근무 여건의 불안정성은 개선할 여지가 있지 않을까요? 편집자가 '자신이 만든 책으로 말한다'라는 이상이 실현되려면 그렇게 일할 수 있는 자질과 능력을 갖춘 주간이나 편집장 급의 편집자가 장기적으로 독립적인 권한을 행사할 수 있는 구조가 기반이 되어야 합니다. 목록은 편집의 주체가 관리해야 생기가 도는 법이죠. 편집자 개인이 주어진 환경에서 묵묵히 책만 열심히 만들기만 해서는 '편집'의 입지를 보장받기 어렵습니다. 입술이 없으면 이가 시린 법脣亡齒寒이니까요.

"힘들지만 재미있는 일입니다." 이렇게 말하는 사람들이 편집자로 일하고 있습니다. 여기서 '힘들지만'이라는 전제가 사라질 수도 있을까요? 출판 산업의 규모가 작더라도 일하는 사람이 '일할 만한' 구조가 만들어진다면 이 업도 오래도록 지속될 수 있을 겁니다. 즐기는 사람들이 일하고 있으니까요. 다만, 일하는 사람들이 각개전투에 골몰하며 일할 만한 '구조'와 업의 '전망'에 대해 입을 모으지 않고 질문을 만들고 답을 찾지 않는다면 어디서 전에 없던 우아한 현실이 발견되는 일은 없을 겁니다. 편집자가 된다는 것은 이러한 구조의 일원이 된다는 의미이겠죠.

덧붙여, "살아남은 자가 실력자입니다."

세상에는 많은 책이 있고, 책을 두루 많이 읽는 것이 좋다고 합니다. 그런데 시간은 유한하므로 모든 책을 읽기란 원천적으로 불가능하고, 또 지구상에는 책을 전혀 읽지 않고도 삶을 영위하는 이도 많으니 무슨무슨 책을 읽지 않든들 어떠랴 싶지만, 편집자가 교양인으로서 지식 세계의 일원으로 기능해야 한다면, 그가 무엇을 읽었고 무엇을 읽지 않았는가는 그의 업에 일정한 영향 관계가 없다고 할 수 없습니다. 아니 편집자의 교양은 중요합니다! 책을 읽지 않을 수는 있지만, 책이 아니고서는 얻을 수 없는 것이 분명 있기 때문이지요.

그러나 당장 공교육 시절만 돌아보더라도 우리 사회에서 청소년 세대가 실질적인 독서를 하기란 얼마나 어려운가를 누구나 금방 알 수 있습니다. 독서량이나 깊이가 평균적으로 기대 수준보다 얕죠. 독서 시장의 통계가 말해 주듯이, 청년의 독서 역시 주로 문학, 그것도 한국문학에 '치중'되어 있습니다. 심지어 더 어린 세대는 책보다 유튜브 등의 영상 매체에 더 익숙하다고 하니 격세지감도 있지요. 혹 그동안 본격적으로 책 읽기의 즐거움을 모른 채 살아왔다고 생각되더라도 부끄러워하지는 말기로 하죠. 그것이 여러분 탓만은 아니니까요. 하여간 편집자는 텍스트를 다루는 사람이니 텍스트에 익숙해져야 합니다. 스스로 부족하다고 여긴다면 이제부터라도 훈련하면 됩니다.

책 읽기는 몸으로 하는 일이고, 습관이 없으면 하기

어렵습니다. 눈이 문자를 읽어 가는 동안 몸은 다른 일을 할 수 없습니다. 고개를 요리조리 돌릴 수도 없고, 양손 또는 적어도 한 손은 가지런히 하여 책을 붙들고 있다가 적당한 때에 책장을 넘기기도 해야 합니다. 주의가 분산되니 여기저기 걸어 다닐 수도 없지요. 대개는 앉은 자세로 몸을 어딘가에 고정해야 합니다. 책 읽기를 습관화하려면 이와 같이 책이라는 형식을 수용하는 방식에 익숙해져야 하고, 동시에 그 매체가 품은 내용을 자기 식으로 내재화하는 과정이 병행되어야 합니다. 읽기는 자기 몸으로, 혼자서 해야 하는 사적이고 고독한 행위이지만 목적을 공유할 수 있다면 함께 읽기도 가능하지요. 토론이나 강독 모임처럼 독서 목록을 공유하고, 서평을 쓰고, 토론을 하는 모임을 만들 수도 있을 겁니다.

경력이 늘수록 더 많은 공부가 필요하죠. 꾸준히 읽고 공부하는 자세가 중요한데, 어쨌든 독서는 필수입니다. 초년의 편집자라면 본격적으로 원고를 읽기 전에 관련 지식을 백과사전이나 입문서를 통해서 준비해야 합니다. 텍스트란 자체로 완결된 것이지만, 텍스트에는 외적인 맥락이 있습니다. 텍스트를 쓴 저자가 지닌 맥락, 텍스트를 수용할 독자가 원래 지니고 있는 맥락이겠죠. 그러므로 편집자가 텍스트를 온전히 읽어 내려면 텍스트에는 파편으로 드러나 있거나 혹은 전혀 드러나 있지 않은 외적 맥락을 이해할 수 있어야 합니다.

눈에 띄는 신간도 살펴봐야 하고, 자신이 다루는 분야에 관한 지식을 담은 책도 두루 읽어야 하는 편집자에게 필독서라고 하는 책도 있겠습니다만, 저는 이 짧은 책에 걸맞게 대중없이 몇 권을 권해 드리겠습니다.

## (1) 책에 대한 책

**1417년, 근대의 탄생** 스티븐 그린블랫 지음, 이혜원 옮김(까치, 2013)

근대의 탄생, "근대성을 규정하는 주요 요소가 고대성 속에서 발견된다." 이야기는 1417년, 필사가이자 고전 번역가, 안목 있는 수집가이자 르네상스 당대의 뛰어난 인문학 연구자이기도 한 '책 사냥꾼' 포조 브라촐리니가 독일의 한 수도원으로 희귀 필사본을 구하러 달려가는 장면으로 시작한다. 그가 거기서 찾은 것은 『사물의 본성에 관하여』라는 고대 로마의 철학자이자 시인인 루크레티우스의 서사시. 그린블랫의 이 책은 저자가 대학 시절 학교 서점에서 2000년 전에 쓰인 『사물의 본성에 관하여』라는 텍스트의 영어판을 발견한 데서 비롯되었다. 21세기의 연구자 그린블랫으로부터 15세기의 인문주의자 포조, 기원전 1세기의 루크레티우스까지(루크레티우스는 기원전 4세기 에피쿠로스의 철학을 논한다!), 지적 탐험가들의 역사를 관통한 머나먼 여정은 현대의 연구자 그린블랫에 의해 하나로 꿰인다. 오로지 문헌 연구로 복원, 구축된 사상의 파노라마가 생생하고 흥미진진하게 전개되는 역작.

**새로운 소설을 찾아서** 미셸 뷔토르 지음, 김치수 옮김(문학과지성사, 1996)

책은 '문학의 장소'이다. 누보로망의 작가인 미셸 뷔토르에게 '책이라는 사물'을 포함한 작품의 형식은 중요한 조건이었다. 그중 「사물로서의 책」은 책이라는 매체 형식이 텍스트의 수용에 미치는 영향을 통찰한 글이다.

## (2) 번역에 대해

**번역과 일본의 근대** 마루야마 마사오, 가토 슈이치 지음, 임성모 옮김(이산, 2000)

번역은 일본이 서양 문물을 수입하는 주요 방편이었다.
이들이 '번역어'를 어떻게 구상했는지를 살펴보는 것만으로도
충격적인 경험이 될 것이다. 이들은 서양을 일본어가 아닌, 동양의
언어(한자)로 번역했다. 우리가 아무런 거리낌 없이 사용하는
과학이니 사회니 철학이니 하는 서양 개념의 한자 번역어만
살펴보더라도 그 영향력이 심대함을 알 수 있다. 서양의 문명은
이들을 거쳐 (일본이 아니라) '동양'으로 수입되기 시작했다고
할 수 있다.

**번역의 탄생** 이희재(교양인, 2009)

익히 쓰고 있는 '출발어(원어)', '도착어(번역어)'라는 개념의
발상지. 언어 연구자이며 번역가인 저자가 한국어와 영어, 독일어,
일본어 등 개별 언어의 특징에 관한 박식을 바탕으로, 한국어
번역의 문제의식을 스무 가지로 분류하여 쓴 책. 여러 번역가,
편집자가 추천하는 한국어다운 번역에 관한 한 금과옥조의
지침서다.

## (3) 언어 형식에 관해

편집자는 언어 감수성이 요구되는 직업이다. 문장을 세심하고
정치하게 다룰 필요가 있다. 언어 형식이 어디까지 다다를 수

있는가를 탐구하는 일도 편집자라서 감당할 수 있는 즐거움이
아닐까 한다.

## 특성 없는 남자 로베르트 무질 지음, 안병률 옮김(북인더갭, 2013)

인식을 우주로 데려가는 문장! 관형어와 부사어의 판타지!
이 책은 빠르게 읽히지 않는다는 특성이 있으며, 문장의 형태소를
샅샅이 감각하며 읽을 수 있다면 무중력의 낯선 시공에서 미증유의
색다른 점에 매료될 여지가 충분하다. 예를 들면 이렇다.

"(……) 세계 또한 확고하지 못했다. 세계는 늘 변하고 형태를
바꾸는 불확실한 피부였다. 집은 방에서 떨어져 나와 비스듬하게
서 있다. 사람들은 그 사이에서 우스꽝스럽게 우글거리며
형제자매로 떨어지는 물방울 같았다. '나는 여기에 질서를
부여하도록 부름 받았어'라고 그 무지막지하게 취한 사람은
생각했다. 모든 무대는 번쩍임으로 가득 찼고 일어난 사건은
조각난 채로 뚜렷하게 다가왔지만 순간 벽들이 빙글빙글 돌기
시작했다. 발바닥은 여전히 땅에 밀착된 반면 눈은 마치 자루처럼
튀어나왔다. 입에서 놀라운 증기가 분출되기 시작했다. 말들은
내면 깊은 곳 어딘가에서 쏟아져 나왔다. 그런데 막상 무슨 말인지
알아들을 수 없었고 추측건대 욕설임을 짐작할 뿐이었다. 그것은
내면적인 것과 육체적인 것이 뒤섞인 것이었다. 분노는 내면의
분노가 아니었고 단지 거의 광란에 이르도록 육체적인 외면의
분노였으며 경찰의 얼굴이 천천히 다가오더니 피로 물든 주먹을
보게 되었다." (1권, 280-281쪽)

+ 편집자의 책 읽기

### 이상 소설 전집 이상(민음사, 2012)

이상은 현대 국어의 실험자다. 미증유의 독보적인 다시없을 현대 국어의 문체 실험자. 단 하나의 문장으로 완성한 작품 「지팡이 역사」에서 이 부분을 소리 내어 읽어 보시라. 소리꾼처럼 말이다.

"(……) 내가 너무 '모나리자'만을 바라다보니까 맞은편에 앉았는 항라적삼을 입은 비둘기가 참 못난 사람도 다 많다는 듯이 내 얼굴을 보고 나는 그까짓 일에 부끄러워할 일은 아니니까 막 '모나리자'를 보고 싶은 대로 보고 '모나리자'는 내 얼굴을 보는 비둘기 부인을 또 좀 조소하는 듯이 바라보고 드러누워 있는 바깥비둘기가 가만히 보니까 건너편에 앉아 있는 '모나리자'가 자기 안해를 그렇게 업신여겨 보는 것이 마음에 좀 흡족하지 못하여서 화를 내이는 기미로 벌떡 일어나 앉는 바람에 드러눕느라고 벗어 놓은 구두에 발이 잘 들어맞지 않아서 그만 양말로 담배 꽁다리를 밟을 것을 S가 보고 싱그레 웃으니까 나도 그 눈치를 채이고 S를 향하여 마주 싱그레 웃었더니 그것이 대단히 실례 행동 같고 또 한편으로 무슨 음모나 아닌가 퍽 수상스러워서 저편에 앉아 있는 금시계 줄과 진흙 묻은 흰 구두가 눈을 뚱그렇게 뜨고 이쪽을 노려보니까 단것 장수 할머니는 또 이쪽에 무슨 괴변이 나지나 않았나 해서 역시 눈을 두리번두리번 하다가 아무 일도 없으니까 싱거워서 눈을 도로 그 맞은편의 금시계 줄로 옮겨 놓을 적에 S는 보던 신문을 척척 접어서 인생관 가방 속에다가 집어넣더니 정식으로 '모나리자'와 비둘기는 어느 편이 더 어여쁜가를 판단할 작정인 모양으로 안경을 바로잡더니 참 세계에 이런 기차는 다시 없으리라고 한마디 하니까 비둘기와 '모나리자'가 S 쪽을 일시에

보는지라 나는 또 (……)."(56-57쪽)


## (4) 철학

왜 철학을 공부하는가? 사유의 방법을 배우기 위해서다.
동양과 서양의 사상사를 이해하는 것은 인식의 바탕을 갖추는
공부다. 편집자에게 철학 공부는 매우 중요하다고 생각한다.
이 방대한 공부는 사실 혼자 힘으로는 어렵다. 동양 철학의
경우는 고문을 문자 그대로 이해하기부터가 범인이 할 수 있는
일이 아니므로 특히 처음 하는 공부라면 전문 연구자가 운영하는
강독 모임 등을 권한다. 대안연구공동체나 다중지성의 정원,
철학아카데미 등을 추천한다. 지속하자면 끝을 알 수 없는
공부이지만, 동양 사상이라면 공자와 맹자, 노자와 장자에서,
서양 사상이라면 우선 철학사 전반을 살피는 데서 출발하는 것이
좋을 듯하다.

동양 사상은 공자와 맹자가 늘 우선순위에 꼽히는데,
장자야말로 현대적이고, 노자야말로 본질적인 것 같다. 유학의
나라인 조선에서도 관직에서는 철저한 유학자인 선비가 삶의
태도에서는 필히 노자와 장자를 섭렵하였다는 점은 여러모로
시사적이다. 노자의 『도덕경』을 먼저 꼽아 본다. 분량도 많지 않다.
『왕필의 노자주』로 5천 자가량. 번역문을 보면서 대강의 뜻을 새긴
다음, 통째로 외운다는 생각으로 원문을 암송하는 방법을 권한다.
시간을 두고 음과 뜻을 새기다 보면, 문리文理가 절로 트인다.
필사도 좋다.

서양 철학사는 서양을 이해하는 최우선의 방편이라는 생각이
든다. 서양 사람이 얼마나 '아리스토텔레스적'인지 말이다. 우선
큰 틀을 짚어 본다는 마음으로 서양 철학사를 일별할 것을 권한다.
연구자들이 두루 추천한 책은 힐쉬베르거, 램프레히트다. 한 번
읽는 것으로 만족하기는 어렵겠지만, 세부적인 사항을 너무
열심히 읽지 않아도 괜찮다(열심히 읽는 것은 연구자에게 맡기자!).
큰 틀을 대략 꿴 다음(혹은 꿰면서), 현대 사상가를 포함하여 개별
철학자에 관심을 가져 보는 것도 좋겠다.

**도덕경: 왕필의 노자주** 임채우 옮김(한길사, 2005)

**장자: 남화경**(영인본) (학민문화사, 1993)

**장자** 안동림 옮김(현암사, 2010)

  * 인터넷 데이터베이스에서 다양한 원문 파일을 구할 수 있다.

**서양 철학사 (상)** 요한네스 힐쉬베르거 지음, 강성위 옮김(이문출판사, 2008)

**서양 철학사 (하)** 요한네스 힐쉬베르거 지음, 강성위 옮김(이문출판사, 2012)

**서양 철학사** 스털링 램프레히트 지음, 김태길 윤명로 최명관 옮김(을유문화사, 2008)

「보도 자료: 2014년 신간 발행 종수, 총 4만 7589종」,
　　대한출판문화협회, 2015. 3. 2.

「보도 자료: 2015년 신간, 총 4만 5213종 발행」,
　　대한출판문화협회, 2016. 3. 24.

『2015 출판 산업 실태 조사 — 2014년 기준』,
　　한국출판문화산업진흥원, 2015. 12.

『2015 출판 노동 실태 조사 보고서 — 2014년 조사 자료를
　　바탕으로』, 전국언론노동조합 출판노동조합협의회, 2015.

『2016 콘텐츠산업 통계 조사 — 2015년 기준』,
　　문화체육관광부·한국콘텐츠진흥원, 2017. 3.

『2016년 출판 시장 통계(주요 출판사와 서점의 매출액, 영업이익
　　현황)』, 연구 보고서 KPCRI 2017-1, 한국출판저작권연구소
　　2017. 4. 27.

『KPIPA 출판 산업 동향(2016 하반기) — 통계 및 심층 분석』,
　　한국출판문화산업진흥원, 2017. 6.

『2017년 국민 독서 실태 조사』, 문화체육관광부, 2017. 12.

『2017 출판 시장 통계 보고서』, 문화유통북스
　　출판정보연구개발팀, 빅데이터, 2018. 3.

**편집자 되는 법**
**: 책 읽기 어려운 시대에 책 만드는 사람으로 살기 위하여**

2019년 1월 4일      초판 1쇄 발행
2022년 7월 4일      초판 3쇄 발행

**지은이**
이옥란

---

| **펴낸이** | **펴낸곳** | **등록** |
|---|---|---|
| 조성웅 | 도서출판 유유 | 제406-2010-000032호(2010년 4월 2일) |

**주소**
서울시 마포구 동교로15길 30, 3층 (우편번호 04003)

| **전화** | **팩스** | **홈페이지** | **전자우편** |
|---|---|---|---|
| 02-3144-6869 | 0303-3444-4645 | uupress.co.kr | uupress@gmail.com |

| | **페이스북** | **트위터** | **인스타그램** |
|---|---|---|---|
| | facebook.com /uupress | twitter.com /uu_press | instagram.com /uupress |

| **편집** | **디자인** | **마케팅** |
|---|---|---|
| 조세진, 이경민 | 이기준 | 황효선 |

| **제작** | **인쇄** | **제책** | **물류** |
|---|---|---|---|
| 제이오 | (주)민언프린텍 | 다온바인텍 | 책과일터 |

ISBN  979-11-89683-01-6  04010
      979-11-85152-36-3  (세트)